Transformer sa vie

UN PAS À LA FOIS

Catalogage avant publication de Bibliothèque et Archives nationales du Québec et Bibliothèque et Archives Canada

Gagnon, Claude-Lucie, 1963-

Transformer sa vie, un pas à la fois

ISBN 978-2-89662-543-7

1. Changement (Psychologie). 2. Réalisation de soi. I. Titre.

BF637.C4G33 2016 158.1 C2015-942250-7

Édition
Les Éditions de Mortagne
C.P. 116
Boucherville (Québec) J4B 5E6
Tél. : 450 641-2387
Télec. : 450 655-6092
editionsdemortagne.com

Iconographie
©123RF – Sakarin Sawasdinaka, Dmitry Rukhlenko, Antonello De Leo, Andrey Armyagov, Satori

Dépôt légal
Bibliothèque et Archives Canada
Bibliothèque et Archives nationales du Québec
Bibliothèque nationale de France
1er trimestre 2016

ISBN 978-2-89662-543-7
ISBN (epdf) 978-2-89662-544-4
ISBN (epub) 978-2-89662-545-1

1 2 3 4 5 – 16 – 20 19 18 17 16

Imprimé au Canada

Gouvernement du Québec – Programme de crédit d'impôt pour l'édition de livres – Gestion SODEC.

Financé par le gouvernement du Canada | Canada

Membre de l'Association nationale des éditeurs de livres (ANEL)

ASSOCIATION NATIONALE DES ÉDITEURS DE LIVRES

Claude-Lucie Gagnon

Transformer sa vie

UN PAS À LA FOIS

ÉDITIONS DE MORTAGNE

À mes filles,
Marika et Roxanne,
et à leurs amis, qui motivent
ma contribution à la création
d'un monde meilleur.

Sommaire

Première section • Se mettre en marche 9

Chapitre 1 – *Les pas Japonais* • 11

Chapitre 2 – *Il était une fois une petite chenille* • 19

Chapitre 3 – *Les empêchements* • 25

Chapitre 4 – *Le réflexe de l'automate* • 39

Chapitre 5 – *Le tourbillon du mental* • 57

Chapitre 6 – *L'égocentrique épanoui* • 67

Deuxième section • Sortir de la dualité 83

Chapitre 7 – *La fin du combat* • 85

Chapitre 8 – *Développer la présence* • 99

Troisième section • Le pouvoir des émotions 119

Chapitre 9 – *L'échelle des émotions* • 121

Chapitre 10 – *La manipulation par les émotions* • 131

Quatrième section • Honorer la vie 151

Chapitre 11 – *Le stratagème de la souffrance* • 153

Chapitre 12 – *Votre point de bifurcation* • 161

Chapitre 13 – *Le* wow factor • 175

Chapitre 14 – Empowerment, *ou la position de pouvoir personnel* • 185

Épilogue • Et pour terminer... une promesse 203

Bibliographie 213

PREMIÈRE SECTION

Se mettre en marche

Chapitre 1

LES PAS JAPONAIS

La vie est comme un chemin, une suite de pas japonais. Une multitude de sentiers s'offrent à vous. Un jour, vous décidez de poser le pied sur une des pierres de l'allée du jardin. C'est un peu comme si vous entamiez un voyage dont la destination dépend du choix que vous venez de faire. Par exemple, le pas d'aujourd'hui est de choisir ce livre. Cette pierre est donc un événement, une étape importante vers un objectif. Cette décision vous mènera dans une direction, vous fournira des outils et, peut-être, vous permettra de regarder attentivement chacune des pierres qui se trouvent sur votre chemin. Ce pas que vous faites vous ouvre une route différente de celle qui existait avant votre décision, avant que vous ayez l'intention d'en apprendre un peu plus sur vous-même, d'apprécier la vie plutôt que de continuer à vous sentir comme un éternel survivant.

Vous en viendrez à connaître les embûches et les zones sombres qui se trouvent sur votre route. Vous sentirez instinctivement la façon dont chaque pierre repose sur le sol. Les détours que vous ferez deviendront pour vous des occasions de comprendre ce qui ne va pas, ce qui entrave la fluidité de votre mouvement, ce qui vous arrête dans votre élan, ce qui cache la source de joie dans votre vie. Ce faisant, votre démarche prendra de l'assurance, vous découvrirez de magnifiques bosquets fleuris, des jeux d'ombre et de lumière pleins de vie ! Puis, vous vous ouvrirez aux prochaines étapes de votre voyage avec plus de confiance et d'assurance. La lecture de ce livre vous aidera à reconnaître les points de bifurcation qui se présentent, et ainsi à développer des attitudes épanouissantes.

Pour le moment, les efforts quotidiens que vous fournissez afin de maintenir votre trajectoire vous font sentir comme un véritable équilibriste. Toutefois, les épreuves ont toutes un point en commun : elles vous obligent à sortir de la torpeur,

à puiser dans vos forces et à vous dépasser. Les événements se succèdent et altèrent votre chemin de vie. Les coups durs se produisent tous les trois ou quatre ans, le temps que vous teniez le coup, pendant que durent les stratagèmes de la nouveauté et de l'apprentissage que requiert chaque situation nouvelle. Mais voilà, ces épreuves peuvent comporter certains dangers, créant au passage de nombreuses déceptions.

Puis, à force de faire face à des obstacles, vous subissez des répercussions physiques. Vous vous sentez épuisé, découragé, affaibli. Vous constatez que vous n'avez plus assez de temps pour vous-même. Une impression d'essoufflement, la sensation de pourchasser les moments de détente, s'installe. Un mécanisme sous-tend pourtant ce cycle, et vous en êtes aujourd'hui à vous demander: «Fais-je fausse route? Que devrais-je changer pour être plus heureux? Qu'est-ce qui m'enlève mon énergie et prend tout mon temps?»

Loin d'être une critique de vos actions et de vos choix de vie, ce livre vise la guérison, d'abord individuelle. Celle-ci passe par le cheminement que vous voudrez bien faire en ma compagnie. Je vous proposerai des exercices qui vous aideront à comprendre ce qui bloque le mouvement, ce qui vous éloigne de la sensation de plénitude, de satisfaction, que vous aimeriez tant ressentir à ce point-ci de votre vie.

LE CHEMIN

Lorsque vous constatez que la personne que vous êtes devenue, que les choix que vous avez faits ne vous apportent pas la quiétude à laquelle vous aspiriez, vous entrez inévitablement dans une phase de doute. Certains d'entre vous oseront aller au fond de cette quête de sens, jusqu'à soulever chaque pierre, éliminant tout ce qui nuit à la stabilité de leurs pas sur le sentier, jusqu'à regarder de près tout ce qui est resté enfoui au fil des années. D'autres ne feront qu'une partie du travail, éraflant à peine la surface de leur confort, dans une similisécurité. En acceptant de partir à la découverte de votre Soi, vous vous apaiserez tandis que vous reprendrez graduellement contact avec vos forces et votre plein potentiel.

L'ÉMERGENCE DE LA CRÉATIVITÉ

Porté par la profonde conviction qu'est dissimulé en vous un trésor qui ne demande qu'à se dévoiler, vous empruntez maintenant cette nouvelle voie ; votre propre esprit de créativité est peut-être loin derrière vous. Vous avez jusqu'ici adopté un cadre de fonctionnement, des habitudes qui vous permettaient d'en faire plus, tout en préservant votre idéal de sécurité. Vous acceptez maintenant de voir en face certaines des croyances et des peurs qui vous retiennent dans une zone aride où le gazon s'est asséché. C'est un processus qui demande de la persévérance.

Au fil du temps, nous prenons conscience de l'insatisfaction liée à une vie « achetée » à grands coups d'idées toutes faites et de phrases apprises par cœur. Notre habileté à nous renouveler est enfouie sous des habitudes, adoptées par la majorité. Chacun notre tour, nous y avons cru ; nous avons avalé ces images fabriquées du bonheur humain. Mais voilà, le bonheur ne peut pas simplement se limiter à ce que nous connaissons déjà. La preuve en est que cela n'a pas fonctionné jusqu'à présent. Soyons honnêtes ! Nous ne sommes pas tout à fait **heureux**.

En réalité, il est bon de retenir pour l'instant que, tant que cette grille d'interprétation est appliquée, les décisions et les actions ne mènent pas dans la bonne direction. C'est plutôt l'aptitude naturelle de l'être humain pour la créativité qui va lui permettre d'explorer un nouveau sentier. Celui-ci vous portera à inventorier vos croyances et habitudes, puis à éliminer les illusions amassées tout au long de votre enfance. Graduellement, vous pourrez remplacer les idées qui motivent vos comportements, transformant un chemin de cailloux en un sentier boisé et ensoleillé !

Le doute comme élément déclencheur

Le doute est l'expression du manque de confiance en soi ; il transforme certaines expériences en de réelles épreuves. La crainte paralyse nos facultés et bloque l'énergie nécessaire à l'action. Le doute produit une vague d'émotions négatives telles que la peur, la colère, la frustration, de même que des attitudes non productives comme le jugement et la critique. À partir du moment où le doute s'installe, nous commençons à piétiner ou, pire, à reculer. L'inertie et l'insécurité prennent la relève ; cela fait partie de nos schémas appris. Ne dit-on pas : « En cas de doute, abstiens-toi » ?

Toutefois, le doute peut aussi être un élément déclencheur. Sa présence peut susciter une réflexion sur les attitudes et les croyances, habitudes transmises d'une génération à l'autre. De temps à autre, il provient d'une sensation « d'être passé proche », qui amplifie votre besoin de trouver une voie plus significative. Une contradiction fait alors surface. Vous pensez que le doute vous avertit d'un danger, d'une résistance, et qu'il faut l'écouter. Pourtant, jusqu'à maintenant, votre vie ne ressemble pas à celle que vous désiriez. Vous êtes forcé de vous demander : « Et si ce n'était pas que ça, la vie ? »

La confiance en soi, c'est notre capacité à affronter une situation donnée. Elle ne peut naître en présence du doute. Essentielle, celle-ci génère la motivation nécessaire à l'atteinte de nos buts et à l'accomplissement de nos actions quotidiennes. Lorsque nous avons confiance en nous, l'abondance naturelle de la vie peut s'exprimer et tout est plus facile.

Avec le temps, vous avez édifié un mécanisme complexe visant à camoufler les conséquences dévastatrices des embûches que vous avez rencontrées jusqu'ici. Votre perception des événements a principalement été influencée par des idées reçues et a limité votre cheminement à ce qui vous était familier. Le doute est la première barrière qu'il vous est possible de modifier. Tout d'abord, il est important que vous preniez un peu de recul afin de déterminer si vous vous trouvez dans un espace de doute, que ce soit par rapport à votre vie en général ou bien à une situation précise.

Pour y arriver, la première étape consiste à faire l'inventaire de la situation, et la seconde, à orienter les réponses qui mettront en lumière votre discours intérieur.

EXERCICE

Comment est-ce que je me sens ?

1. Messages : Que se passe t-il à l'intérieur de moi et quelles sont mes pensées en ce moment ?
2. Faits : Comment puis-je décrire la situation ?
3. Émotions : Quelles sont mes émotions ? Que me fait éprouver cette situation ?

Pour clarifier la situation, prendre conscience des éléments qui la composent et des solutions qui s'offrent à vous, vous pouvez formuler les réponses aux trois questions précédentes comme suit :

- (Le blocage) Je redoute que, j'ai peur de : ...
- (L'environnement) La situation que je vis est : ...
- (L'état intérieur) Je me sens : ...

Globalement, certains mots vous indiqueront aussi que vous êtes dans le doute : « mais », « si », « impossible », « jamais », la présence de la négation (« ne pas », « ne plus »...), les verbes « douter », « pouvoir », « faire », « arriver », « penser », « croire », surtout s'ils sont conjugués négativement avec le sujet « je ».

Exemples

- Je ne peux pas faire cela...
- C'est impossible.
- Je n'y arriverai pas, jamais...
- Je ne crois pas que ce soit correct...
- Ce n'est pas bon...
- Je doute beaucoup que...
- Mais je ne pense pas que...

Afin de vous soutenir et de vous inspirer dans votre démarche de transformation, je vous propose une lecture de détente, l'histoire de la petite chenille.

Chapitre 2

IL ÉTAIT UNE FOIS UNE PETITE CHENILLE

Une vie de chenille

À quelques kilomètres de la ville, la nature est en effervescence et la vie foisonne dans le sous-bois. Des plantes, des fleurs, des arbres aux teintes plus étonnantes les unes que les autres, de même que des animaux, de magnifiques oiseaux de proie et des insectes des plus colorés y naissent, y vivent et y meurent chaque jour. La magie de la vie est présente partout et rien ne peut arrêter le cycle de la création.

Par un beau matin ensoleillé, lovée sur une branche verdoyante de l'un des grands arbres du boisé, une toute petite chenille s'anime. Pleine de la vitalité de ses premières heures, elle s'attaque à la feuille sur laquelle elle a vu le jour. Elle sent bien qu'elle a eu de la chance de naître sur cet arbre et qu'elle doit maintenant faire preuve de courage et de persévérance. Elle a tant à accomplir. Habile et minutieuse, bien concentrée sur sa tâche et encouragée par ses propres progrès, la chenille gagne en confiance et s'active : « C'est pour ça que je suis née », se dit-elle. Aussi, pendant de longues journées qui finissent par toutes se ressembler, fait-elle exactement cela : travailler.

Enthousiasmée par la force de son élan, elle s'était peut-être imaginé que son bien-être merveilleux durerait toujours, resterait à jamais inaltéré. Un beau jour, une brise fraîche se lève dans le crépuscule ; la chenille ne sent plus autant la chaleur sur son corps.

Par la force des choses, elle comprend qu'elle doit passer à l'action ! Elle se prépare donc à affronter le froid de la nuit et s'enroule prestement dans la feuille la plus près afin de garder la chaleur qui lui reste : « Vite ! » se dit-elle en grelottant dans le soir qui s'avance rapidement. Elle sent son univers changer aussi vite que disparaît le soleil à l'horizon.

Le lendemain matin, le vent se lève et une brume épaisse chargée d'humidité enrobe la nature. La chaleur de la veille n'est pas au rendez-vous. Quelque chose se prépare à l'insu de la chenille. Elle ne voit pas que, dans le ciel, de gros nuages gris se sont accumulés et que l'orage est sur le point d'éclater. Dans son nid, elle se sent doucement ballottée. Elle entend les branches s'entrechoquer avec fracas, et la pluie commence à tambouriner sur sa fragile demeure. Le vent devient si fort qu'elle doit solidement s'agripper de toutes ses pattes pour ne pas tomber !

Cet orage, elle ne l'avait pas vu se préparer. En affrontant les éléments qui se déchaînent, elle fait face à ses peurs, à son impuissance, à la fragilité de son monde. Sa seule chance est de s'accrocher à ce qu'elle a maintenant et d'être confiante. Le ciel s'est assombri et le soleil ne brille plus. Bien à l'abri, enroulée dans sa feuille, la chenille affronte le tumulte des intempéries avec courage. L'orage la secoue durement. Il y a trois jours, elle ne pensait qu'à travailler, à dévorer activement toute la verdure qui était à sa portée. Ainsi, la chenille tient bon jusqu'à ce que le calme et le soleil soient de retour.

Un autre jour se lève. « Ouf ! pense-t-elle je peux de nouveau respirer ! »

Elle se délecte de ce moment de répit. L'étincelle de vie est toujours aussi présente en elle. La petite chenille se remet à la tâche et mâche sa feuille avec entrain. Elle prend du poids. Sa belle apparence témoigne de sa vitalité, et son activité soutenue lui apporte un certain contentement. Elle sent que son temps est compté et qu'elle doit agir rapidement. Une feuille est laissée derrière, une autre est aussitôt entamée. Elle emmagasine le plus de nourriture possible, augmentant le nombre de ses voyages entre les belles branches bien garnies.

Les récents événements lui ont fait prendre conscience qu'il n'y a pas que la chaleur du soleil qui lui procure du bien-être. Cette fois, son élan vient de l'intérieur et elle ressent une urgence qui la pousse à aller vers autre chose. Rien ne pourra l'arrêter, pas même l'agitation qui pourrait régner dans sa demeure ni les changements qui risquent de survenir dans son environnement.

Puis, un beau midi, une force nouvelle se manifeste en elle. Instinctivement, elle sait qu'elle n'a pas à avoir peur, car c'est la chaleur à l'intérieur de son corps qui augmente et lui permet d'avoir plus d'énergie, comme si la vie continuait de s'accroître en elle ! Grâce à cette chaleur, elle peut encore grandir, devenir plus forte.

La transformation intérieure

D'instinct, la chenille s'accroche à la branche au-dessus de sa tête et entreprend de tisser un mince filet qui l'y retiendra, assurant son ancrage. Sa peau douce et rayée se durcit, puis, lentement, change de coloration, perd de son éclat. Sans qu'il y paraisse vraiment, elle travaille pourtant aussi vaillamment qu'hier. Le mouvement qui l'occupe se fait entièrement de l'intérieur. Oh, il n'y a rien de bien spectaculaire à voir ! Pourtant, une transformation s'est enclenchée.

Cette immobilité temporaire est nécessaire pour que la chenille puisse poursuivre son chemin sacré. Ses cellules connaissent depuis longtemps l'explosion de vie qui se prépare, le pouvoir de liberté qu'elles recèlent.

Elle ne sera plus jamais une chenille peinant sous les orages, travaillant dur à une tâche ingrate… Dans une acceptation et un abandon complets, elle laisse la sagesse de la vie faire son œuvre. Elle est persuadée que cette étape va lui apporter un changement bénéfique. Elle n'en doute pas un instant !

Pendant que le travail s'effectue, elle n'est suspendue que par un fil. Les cellules se décomposent et se reforment en une nouvelle configuration, celle-là même qui fera d'elle un être totalement nouveau, plus libre, plus ouvert sur le monde. Au bout de plusieurs jours, elle teste patiemment son aisance et sa mobilité. Elle entreprend d'exercer une sorte de pompage, activant doucement les fluides de son corps. C'est par la tête qu'elle prend tout d'abord de l'expansion et, lentement, la chrysalide s'entrouvre à l'arrière de sa nuque.

C'est un miracle ! La petite chenille sent qu'elle a des ailes ! Elle, qui a travaillé si dur, qui a peiné, dépensé tant d'énergie à dévorer, à consommer, à assurer son prochain repas. Elle, qui a subi l'orage au risque d'être écrasée au sol par une bourrasque de vent. Elle ne comprenait pas, au début de sa vie, qu'elle pourrait un jour se libérer en laissant la chaleur et les battements de son cœur activer ce grand changement. La vérité, c'est qu'elle le portait déjà en elle, qu'il surviendrait au moment opportun, celui où toutes les conditions seraient réunies.

Heureusement, elle a fait confiance à son élan, à la chaleur qu'elle a ressentie dans son corps. La vie fait toujours bien les choses. Sinon, elle serait morte maintenant, son corps se serait desséché dans l'air froid de la nuit ; ou, pire, elle aurait fini dans le gosier d'une corneille.

La libération

Au terme du processus de transformation intérieure, la chrysalide s'ouvre de haut en bas pour permettre à notre chenille de déployer ses ailes. La chenille devenue papillon se sent pleine d'énergie, et elle est impatiente d'explorer l'univers qui l'entoure, soulevée par la chaleur du soleil. Elle n'a plus envie de faire de compromis, de douter de la vie qui l'habite. Elle sent ses forces la pousser dans une nouvelle direction, vers une vie d'ouverture sur le monde, de certitude et de liberté. Une occasion d'être à son meilleur lui est enfin offerte.

....

Un jour, lorsque vous aurez pris conscience de ce qui bloque votre chemin vers le bonheur, il vous sera aussi possible de déployer vos ailes. Sous la chaleur du soleil de votre cœur, la confiance renouvelée agira et vous vous sentirez soulevé vers de nouveaux horizons.

Chapitre 3

LES EMPÊCHEMENTS

LA PERFORMANCE ET LE MANQUE D'AMOUR

La compétitivité est à l'honneur dans notre société, ce qui encourage la dualité. Les nombreux combats qu'elle entraîne minent notre énergie. Empêtrés dans les exigences de la performance, il nous est plus facile de laisser le mental l'emporter. Nous avons pourtant besoin de beaucoup d'amour pour passer à travers la vie. Beaucoup trop de gens ne pensent jamais à en donner, occupés qu'ils sont à remplir leurs obligations, à gagner un salaire qui, souvent, ne suffit plus à leur subsistance. La vie que l'on mène a fait de nous des machines. En effet, les sentiments, la vulnérabilité et les limites humaines ont peu de place dans la course au profit.

Nous déployons d'immenses efforts dans notre recherche d'amour, mais celui-ci est bien souvent un substitut à la satisfaction d'un besoin intrinsèque de reconnaissance. L'amour se camoufle sous de nombreuses couches de protection. Résultat, on ne sait plus vraiment comment le ressentir, ni comment le partager. Socialement parlant, le manque d'amour a légué à de nombreuses générations de mal-aimés plusieurs traits communs, tels que la rudesse, l'extrême indépendance (en effet, ils n'ont pas besoin d'aide), une attitude contrôlante, la peur du manque, un grand désir de se démarquer, d'être reconnu par la performance, et l'esprit de compétition. Et puis on confond tout : l'amour et l'affection, l'amour et le sexe, le plaisir et l'amour. On a oublié que l'amour et la joie vont bien ensemble.

Un jour, il nous faudra redécouvrir les bases de l'expression de l'amour sous des formes plus ouvertes, moins égoïstes, et apprendre à collaborer. Pourquoi ne pas oser remettre en question nos croyances si nous sommes à ce point insatisfaits de notre vie ?

Les plus jeunes, ceux qui sont de la génération Y, en savent quelque chose. Ils ont été parachutés dans un méli-mélo de « sexe-amour-reconnaissance ». Ils tentent eux aussi de créer un monde d'amour, fondé sur des messages confus, déroutants, de sexe et de séduction, placardés sur des panneaux d'affichage en format géant. Comme si le rapprochement physique garantissait l'amour... Ils n'ont pas de travail, pas d'économies, pas plus que d'amour à donner. Comment pourrions-nous ne pas nous sentir concernés par le manque d'amour ? Nos gènes se souviennent pourtant de l'amour comme de quelque chose de grand et de magique, car nous le cherchons par tous les moyens. Nos objectifs de vie en tiennent compte et nos croyances en sont tissées. Mais entre notre besoin d'amour et nos croyances, bien souvent, existe un abîme qu'il nous est impossible de franchir. Nous comprenons mal comment ces dernières peuvent limiter nos choix et nos décisions.

LES CROYANCES

L'inconscient est comme une base de données qui contient un grand nombre de conditionnements, de « petits programmes » en quelque sorte, qui s'activent sans que nous en ayons conscience. Les croyances sont des souvenirs encodés qui nous permettent d'interpréter le monde et d'avoir accès à de l'information synthétisée rapidement. Autrement dit, chaque fois qu'une situation présentera des similarités avec une autre, l'inconscient, par l'entremise de nos croyances, créera un espace connu. Nous sommes en quelque sorte le produit de nos expériences, et non de la réalité comme telle. C'est donc à travers notre interprétation de la réalité que nous effectuons des choix.

Par contre, certaines de nos expériences protègent l'environnement habituel en le maintenant tel quel le plus possible, afin de créer un climat de sécurité et de bien-être. Elles ne sont pas toutes destinées à faciliter notre interaction avec le monde et peuvent donc avoir un effet limitatif en éloignant les situations nouvelles.

Les croyances ont différentes valeurs. Pour mieux comprendre les effets qu'elles peuvent avoir sur votre façon de voir les choses, je les catégoriserai de la façon suivante : les croyances limitatrices et les croyances motivantes. Selon les situations, elles auront une influence variable.

Les croyances limitatrices

Les croyances ne sont pas toutes vos amies. Quand elles sont négatives, elles agissent comme des freins au mouvement, à la création, à la nouveauté ; elles minent votre confiance en vous et en la vie. Par exemple, le fait de recevoir des critiques quand on est enfant finit par blesser l'estime de soi. Dès lors, nous agissons en fonction de cadres qui nous sont imposés tout au long de notre enfance, c'est-à-dire des vestiges de notre milieu, des enseignements, de la moralité, du bien-fondé social et des idées populaires. À partir du moment où vous prenez conscience de leur existence, vous saisissez l'occasion de désactiver ces messages, afin de vous tracer une destinée différente qui tient compte de vos besoins réels.

D'aussi loin que je me souvienne, devoir suivre un modèle imposé par l'idéologie dominante m'a toujours laissé l'impression de ne pas pouvoir exprimer toute ma créativité. Graduellement, la sensation enivrante **d'être plus** a pris tant de place que j'ai compris que la vie devait receler plus d'avenues de réalisation que ce que mon esprit voulait bien me faire croire. J'avais tout à coup envie d'explorer toutes mes possibilités. Des rêves et des intuitions revenaient avec force et tentaient de me guider vers de nouveaux buts.

Il est vrai qu'en écoutant la pulsion de vie (que nous nommons aussi « passion »), on parvient à refaire surface, un peu comme un magicien ligoté au fond de l'océan se libère tout à coup de ses liens. Ouf !

Avec toutes ces croyances qui viennent perturber notre perception de la vie, comment espérer accéder à un espace de quiétude où l'on se sent totalement créateur ? Les quelques exemples ci-dessous réveilleront peut-être les souvenirs de vos propres conditionnements.

Exemples de croyances limitatrices

- On ne fait pas ce qu'on veut dans la vie, seulement ce qu'on peut.
- Dans notre famille, on est nés pour un petit pain.
- La vie est déjà assez difficile comme ça, fais ce qu'on te demande.
- Les rêves ne mettent pas de pain sur ta table.
- Arrête de rêver, tu n'en as pas les moyens.
- Il faut travailler dur pour gagner sa vie.
- Tu as travaillé fort, maintenant amuse-toi, tu le mérites.
- Fais ce que je dis, et non ce que je fais.
- Le silence est d'or ; la parole est d'argent.
- Ne sois pas égoïste, cesse de ne penser qu'à toi.
- Tu ne peux pas faire cela, ça n'a pas de sens.
- Tu n'y arriveras jamais.

Malgré la frustration que vous pourrez ressentir en lisant cela, vous constaterez que cet exercice a fait surgir quelques rêves. Voilà justement une occasion, un point de bifurcation, que vous pouvez saisir. Les croyances positives, dites motivantes, servent à améliorer votre parcours de vie.

Les croyances motivantes

Chacun agit en fonction de ses croyances. Celles-ci génèrent des comportements qui peuvent être fort utiles. Parmi eux, ceux qui vous donnent de l'espoir, vous portent à persévérer. Les croyances sont une expression de bonté, de gratitude, et mettent en valeur vos forces et vos qualités. Dans cette catégorie, on retrouve notamment les encouragements, les commentaires constructifs et les avis personnels. Qu'ils soient servis par un enseignant, un ami, un parent ou une personne inspirante, ces messages sont tous teintés de l'expérience de l'individu qui les prodigue. Un aspect différent de la situation vous est révélé, modifiant ainsi votre perception, de même que votre réaction.

Les croyances motivantes sont importantes, car elles vous donnent envie d'aller plus loin. Elles vous apportent de la joie, vous apaisent et vous redonnent confiance en vous-même.

Faisons ensemble l'exercice de transformer ces messages. Les croyances limitatrices (ou négatives) peuvent être remplacées par des croyances motivantes (ou positives), afin que vous regagniez une position de force personnelle. Nous pourrons ensuite choisir un type de réaction qui nous portera à agir en créateurs.

EXERCICE

Reprenez la liste «les croyances limitatrices» de la page 29. Tout d'abord, choisissez celles qui trouvent un écho en vous et donnez-leur une tournure différente: transformez ces croyances négatives en affirmations positives pour vous-même.

Au départ, vous serez peut-être à court d'idées et il vous sera sûrement difficile de réaliser l'exercice. Ces croyances négatives vous fourniront toutefois des substituts de réponses intéressants. Il s'agit de se réapproprier un espace de respect propice à une expression authentique, tout en se donnant l'occasion de clarifier la situation. Ces énoncés peuvent être adaptés et jumelés entre eux, afin de constituer une sorte de boîte à outils.

EXERCICE

Boîte à outils : transformation des croyances limitatrices

1. On ne fait pas ce qu'on veut dans la vie, seulement ce qu'on peut.

   Je comprends que tu te sois limité dans ta vie; pour ma part, je souhaite me donner la possibilité d'exercer plusieurs talents dans la mienne.

2. Dans notre famille, on est nés pour un petit pain.

   Je fais partie de cette famille, mais je n'ai pas besoin d'adhérer à tous ses messages. Je peux me libérer des messages de non-croyance en l'abondance, car, si je regarde bien ma vie, je réalise que je ne manque de rien.

3. La vie est déjà assez difficile comme ça, fais ce qu'on te demande.

   La vie en elle-même n'est pas difficile; ce sont les contraintes que nous nous imposons qui la rendent difficile. Je peux choisir de faire autre chose, si je sens que cela répond à mes besoins.

4. Les rêves ne mettent pas de pain sur ta table.

   Mes rêves me fournissent l'énergie dont j'ai besoin pour me réaliser.

5. Arrête de rêver, tu n'en as pas les moyens.

   La réalisation d'un rêve m'apporte une grande satisfaction; qu'elle soit payante ou non n'est pas ma seule motivation, c'est un facteur indépendant.

6. Il faut travailler dur pour gagner sa vie.

   Quand je fais un travail que j'aime et dans lequel je me sens valorisé, j'ai du plaisir à gagner mon salaire. La vie, je l'ai déjà; je n'ai pas besoin de la gagner.

7. Tu as travaillé fort, maintenant amuse-toi, tu le mérites.

   Je peux m'amuser en travaillant ou, même, sans raison particulière ; le plaisir est pour moi une question d'attitude et non de mérite.

8. Fais ce que je dis, et non ce que je fais.

   Je peux choisir de faire ce qui me représente et ce qui répond à mes besoins. Je te remercie de ton exemple.

9. Le silence est d'or ; la parole est d'argent.

   Je crois que communiquer est important et cela implique que nous nous parlions. Est-ce que tu es d'accord pour que nous discutions de ce qui te dérange dans ce que je viens de dire ?

10. Ne sois pas égoïste, cesse de ne penser qu'à toi.

    Quand je pense à moi, cela me permet de mieux me comporter auprès de toi ; je ne suis pas égoïste, je prends soin de mes besoins. As-tu un besoin dont tu aimerais me parler ?

11. Tu ne peux pas faire cela, ça n'a pas de sens.

    J'entends que tu n'es pas d'accord avec ce que je vais faire ; j'aimerais te dire que c'est important pour moi...

12. Tu n'y arriveras jamais.

    J'entends que tu as peur que j'échoue; je vais quand même essayer. Merci de ta préoccupation.

Comme nous l'avons vu, notre interprétation de la réalité entraîne des réactions. Les croyances négatives peuvent bloquer l'expression de soi et la liberté d'agir. En vous libérant de ces pensées limitatrices, vous adoptez des comportements épanouissants.

Actions restreignantes

- Comprendre
- Exécuter
- Respecter
- Programmer
- Gérer
- Contrôler
- Combattre
- Refuser
- Ignorer
- Subir
- Restreindre
- Critiquer
- Diminuer
- Performer

Actions épanouissantes

- Ressentir
- Répondre
- Accueillir
- Explorer
- Créer
- Vivre
- Collaborer
- Soutenir
- Reconnaître
- Valoriser
- Essayer
- Apprécier
- Favoriser
- Prendre plaisir

Cet exercice sur les croyances entraînera en vous une certaine expansion et vous remarquerez que vous êtes **plus** que ce que ces messages ont fait de vous.

À vous de choisir de désactiver vos croyances maintenant ! Vous récolterez ainsi un équilibre et un calme nourrissants. Persistez dans votre exploration et votre connaissance de vous-même, poussez aussi à fond votre confiance en la VIE et ouvrez-vous à la joie de découvrir que vous pouvez vivre en dehors de ces idées reçues. C'est ce que nous appelons l'éveil.

LE POINT D'ÉVEIL

Vous percevez graduellement que quelque chose ne va pas ; une sensation d'inconfort s'installe rapidement chaque fois que vous rencontrez un blocage. Vous n'arrivez pas à être heureux. Vous avez peut-être même pensé que votre santé mentale était en péril. C'est un « rien ne va plus », et le doute vous gagne. Cet état confirme un changement important de perception. En fait, il s'agit d'une belle occasion d'emprunter une nouvelle route. Cette décision de dire oui à votre pulsion de vie est ce que l'on nomme le « point d'éveil ».

Votre mission consiste maintenant à emprunter le sentier de la connaissance de soi, en laissant s'exprimer votre essence chaque fois que l'élan sera là. Vous aiderez ainsi votre esprit à se libérer des peurs et des croyances limitatrices.

En termes concrets, cela signifie :

- faire de la place à ce que vous avez mis de côté il y a déjà longtemps ;
- retrouver ce qui vous anime le plus au monde, vos passions ;
- reconnaître vos qualités, vos forces, vos réussites, ce qui fait que vous sentez que vous avez de la valeur dans ce monde ;
- choisir ce qui vous fait vibrer, ce qui vous met en contact avec votre passion, ce qui vous comble de joie.

L'acceptation du point d'éveil transforme votre sentier en une belle aventure, au cours de laquelle vous expérimenterez autonomie, force et joie de vivre.

L'INTENTION

À ce moment-ci, je dois vous parler de l'intention, car le mouvement que vous amorcez vers vous-même aura plus d'impact si vous intégrez la bienveillance à vos gestes et à vos relations. En portant un regard affectueux sur votre Soi, gardez à l'esprit que votre choix créera des prises de conscience chez les gens autour de vous. Définir une intention pour vous-même, et une autre qui s'adresse à votre entourage, facilitera les transitions. En voici un exemple :

J'ai envie de vivre plus de moments de joie chaque jour
et de créer l'harmonie avec les autres.

Persévérez. Détachez-vous de la situation, et observez bien vos pensées. Rappelez-vous quelle a été votre intention de départ. Servez-vous de ces occasions pour mettre en pratique votre nouvelle orientation. Vous pouvez prendre des notes dans un cahier réservé à votre cheminement. Il s'agit du meilleur moyen de vous rappeler votre objectif et de suivre les progrès, les découvertes et les réalisations que vous ferez.

Dans les chapitres suivants, nous explorerons ensemble les éléments qui composent les différents types de blocage, les empêchements, de même que les réactions physiques et émotives. Ces apprentissages vous aideront à les repérer et à en limiter les répercussions.

Chapitre 4

LE RÉFLEXE DE L'AUTOMATE

Pour le bon fonctionnement des systèmes sociaux, nous sommes éduqués et encouragés à suivre des lignes directrices et à obéir comme le ferait un automate. Dès l'école primaire, on entraîne le cerveau à adopter et à reproduire machinalement le comportement le plus approprié en fonction des circonstances, plutôt que d'encourager la pensée créatrice et la liberté d'action. Cette dernière est malheureusement reléguée à l'arrière-plan, intervenant de moins en moins dans nos choix, et les qualités propres à chaque individu ne trouvent pas nécessairement de voie d'expression. En rétrécissant ainsi le mode de réaction humain en une seule pensée maîtresse, les organisations et les systèmes maintiennent la cohésion entre les individus. Autrement, comment feraient-ils avancer la machine ? Plus le groupe adhère et « embarque » dans le stratagème, plus il est facile de gérer le troupeau, la masse salariale, le capital humain. Vous faites alors partie d'un clan, d'une famille. En contrepartie, les regroupements vous procurent une forme de sécurité.

Ces systèmes ont différents noms. Ce sont des organisations qui adoptent invariablement des messages rassurants sur des thèmes tels que : la sécurité, la prospérité, l'assurance, l'esprit de communauté. Elles se sont dotées d'un code de conduite, constitué de règles nécessaires à leur cohésion, communément appelé « culture d'entreprise », « lignes directrices » ou encore « guide de l'employé ». Il est teinté des croyances et des valeurs qui définissent ce que le groupe désire générer comme schéma comportemental.

Ce code sous-entend que tous les acteurs doivent orienter leurs efforts dans une même direction (ne dit-on pas : « être dans le même bateau » ?) afin d'assurer le fonctionnement du groupe en question. Des mots tels que « entreprise », « institution », « clinique », « association », « école » désignent aussi des ensembles incluant toutes les parties à leur service dans la déclaration de leur existence. Selon elles, une meilleure qualité de vie, une société plus forte ne peuvent être possibles qu'à condition d'adhérer à ce modèle, ce qui freine notre esprit d'initiative. Pourtant, les ménages n'arrivent plus à joindre les deux bouts ; le salarié moyen est à bout de souffle et de ressources. Personnellement, je comprends que nos enfants n'aient pas envie de « copier-coller » nos décisions minimalistes et nos aspirations restreintes.

Comme on peut le constater, ce sont des réalités qui reflètent des univers bien différents. Pourtant, dans chacun des cas, on subjugue le pouvoir de tous au profit du plus petit nombre, dirigeant bien sûr. Il va sans dire que la viabilité de ces institutions en dépend.

Ce syndrome de l'automate, les psychologues et psychanalystes le connaissent bien. Les statistiques de cas de décrochage scolaire et de détresse psychologique sont des plus éloquentes. Elles confirment le recul de la pulsion de vie et l'influence grandissante des courants de pensée modernes. Les jeunes n'ont plus le goût de s'investir et de se battre pour vivre, et ils ont besoin d'une nouvelle ligne de pensée, que les philosophes de l'après baby-boom nomment ***La nouvelle ère***. À elle seule, cette tendance fait déjà couler beaucoup d'encre. Les modèles réducteurs du bonheur devront être remplacés par des processus incluant l'humain dans une mesure plus large que celle de l'accroissement de la richesse mondiale, sans quoi le système assurant présentement la sauvegarde sociale risque de s'écrouler.

À moins que de nouveaux choix soient faits, les pressions internes de la société dans laquelle nous évoluons auront graduellement raison de l'organisation actuelle de notre vie sociale, car celle-ci ne suffit déjà plus à satisfaire nos besoins.

LES RÉACTIONS EN MODE « COPIER-COLLER »

Dans la société, nous apprenons dès notre plus jeune âge à fonctionner selon des normes établies. Pour cela, nous avons dû quitter très rapidement l'espace du mouvement naturel exécuté en fonction du plaisir et de la satisfaction des besoins, pour laisser toute la place à l'intelligence et à la logique. La vie s'est donc structurée à l'aide de règles et de modèles à suivre qui lui ont imposé un cadre restrictif. En fait, elle est devenue programmée, comme une recette que l'on applique en mode « copier-coller ».

Sans tenir compte de nos besoins affectifs particuliers et de nos riches capacités, toutes sortes de systèmes ont été créés afin que la vie en groupe devienne possible. Au fil des années, nous avons intégré différents scénarios. Bien qu'ils rendent facile l'adhésion aux règles de conformité sociale tout en assurant le bon fonctionnement, ces cadres ne nous servent à rien sur le plan de l'accomplissement individuel.

Dès lors, nous comprenons que notre perception de la réalité et de l'environnement se fait en fonction des comportements prédéterminés qui nous ont été enseignés et que l'on attend de nous. Le « Système » se sert ensuite de nos modes de réponse automatique pour nous mener dans une direction globale qui ne correspond pas du tout à nos besoins. Les humains sont maintenus dans un état constant de tension, axés sur la productivité et l'efficacité, et ont très peu d'occasions de faire le vide. Ils sont soit accaparés par le travail, soit occupés à louvoyer d'une responsabilité à l'autre. Notre vie devient un tissage d'événements similaires, prévisibles, planifiés.

Pourtant, tout système édifié dans le but de contrôler les masses comporte inexorablement des failles.

Étant donné que nous avons tous appris ces modèles, les décideurs gèrent les organisations à l'aide de ces assemblages d'idées. Les messages utilisés visent à orienter nos actions, par l'adoption d'images mentales préfabriquées. On vous endort, et le moment où vous devriez vous réveiller est ainsi retardé.

Je suis convaincue qu'une fois que le doute s'est installé, les déceptions et les malheurs conduisent inévitablement à l'éveil. Les insatisfactions de votre vie en sont le gage le plus sûr.

Regardons ensemble où tout cela nous a menés, et quels sont les éléments qui nous empêchent d'atteindre le bonheur. Osons imaginer que nous pouvons apprendre à les repérer et commencer à transformer nos réponses en choix conscients.

IDENTIFICATION DE L'AUTOSUGGESTION MÉDIATIQUE

Pour comprendre que nous avons intégré profondément les mécanismes idéologiques, nous utiliserons les bulletins de nouvelles, que nous visionnerons sur deux chaînes différentes. Ayez en main papier et stylo. Notez ce qui suit :

- Combien de fois les mêmes nouvelles sont-elles présentées dans chaque émission ?
- Quels sont les sentiments véhiculés par ces émissions ? Faites-en la liste.
- Une fois votre écoute terminée, quelles sont les informations qui vous manquent ? Par exemple, on a parlé de tel sujet lundi, puis, le lendemain, on n'en parle plus, alors que des répercussions majeures étaient prévues.
- Qu'auriez-vous aimé que l'on vous présente aux informations cette semaine ?
- Est-ce qu'il y a des nouvelles dont vous avez pris connaissance par d'autres moyens que la télévision et qui n'ont pas été présentées sur les ondes ?

Le contenu que l'on vous présente dans les bulletins d'informations est agencé de façon à produire certains effets. En répondant à la deuxième question, vous saurez mieux discerner l'état induit par son visionnement. Lorsque l'on s'attarde à dénombrer les répétitions de la même nouvelle sur plusieurs chaînes, il apparaît évident que les informations sont scénarisées, plutôt que d'être choisies pour dresser un portrait fidèle de l'actualité et de l'environnement dans lequel les événements ont lieu. De plus, en faisant un inventaire, même sommaire, de ce que vous avez appris par d'autres moyens, vous comprendrez que l'information diffusée ainsi ne peut être que partielle. Au mieux, elle constitue un amalgame sélectif, limité par le temps alloué à sa diffusion et visant la compréhension rapide des auditeurs.

Ces concentrés d'informations présentés en boucle créent des impressions telles que :

- « Il n'y a que la guerre, la discorde et la corruption qui comptent dans le monde. »
- « Ce qui est important, c'est l'accroissement économique (non la santé ou le bonheur). »
- « L'on n'y peut rien, puisque les événements malheureux se répètent chaque jour (ce qui renforce notre sentiment de défaite, d'être une victime). »
- « Finalement, il n'y a rien de bon dans notre mode de vie ; il est donc préférable que je m'en contente. »

Ce qui est dangereux, c'est qu'à long terme l'exposition répétée à ces scénarios inhibe la curiosité, et limite la connaissance à ce qui est rapporté. Les effets de l'enracinement idéologique que créent ces contenus labourent au passage la liberté et vont à l'encontre du mouvement de la création. De plus, les médias contribuent grandement au maintien de l'illusion du complot et de la dévastation, par l'entremise de la production de messages qui nourrissent la peur. Confinés à une vision simpliste de la vie qui admet de moins en moins de contenu diversifié, nous voyons diminuer notre capacité à évaluer l'ensemble de la réalité. En bref, les bulletins télévisés sont orientés vers une sorte d'envahissement du Moi, supprimant notre désir d'autonomie.

Le pouvoir d'accomplissement est pourtant la clé du bonheur et de la réussite, tant humaine que sociale. Sous l'emprise de ces messages négatifs, le mal de l'être s'installe. Ces automatismes que nous « copions-collons » ne réussissent pas à créer le bonheur que nous espérions. Ils sont peut-être même en train de nous mener à notre perte. L'épuisement et le fatalisme font leur chemin jusque dans le climat familial, menaçant de rompre le traité de paix entre le sentiment de sécurité et la santé mentale. Les enseignants et les membres du personnel médical de nos institutions tombent comme des mouches. Cela est suffisant pour comprendre que le système s'écroule, lentement mais sûrement.

Ce mal profond qui nous gruge, créé par l'hyperproductivité et la surconsommation, portait un autre nom autrefois, que nous ne passerons pas sous silence. Au dix-neuvième siècle, le poète Baudelaire l'appelait « spleen ». Il s'agit bien entendu du *burnout*.

LE MAL DE L'ÊTRE MODERNE : LE *BURNOUT*

Le mal de l'être, le *burnout*, l'épuisement, c'est le mal du modernisme ; le moral des gens dépérit. Lorsqu'ils perdent la capacité à reconnaître leurs limites, à savoir quand s'arrêter afin de préserver leur santé, les gens passent d'hyperperformants à complètement déprimés.

L'anxiété et la dépression, signes d'une maladie plus sociale qu'individuelle, surviennent aussi sûrement que le saumon fraie au même endroit chaque année. L'équilibre mental général est compromis, alors que l'on nous avait tacitement promis l'abondance et la plénitude. Dans les faits, il aurait été plus facile et plus productif d'adopter le comportement sain qui consiste à prendre nos besoins en considération, plutôt que de les noyer dans des stratégies défensives ou évasives. Les effets de la peur font des ravages, et les décideurs s'en servent pour produire une demande réactive de sécurité relative. Les forces subalternes sont encouragées à toujours faire, donner, servir, produire PLUS.

Dans la course au profit, le système capitaliste nord-américain semble subir actuellement les effets négatifs d'une programmation de l'individu qui a duré près de trois décennies et qui relègue les mouvements naturels de sauvegarde au dernier rang des priorités. Le courant réducteur de la volonté accroît le sens du devoir et du service, entraînant l'adhésion à une compétition malsaine, plutôt qu'à une collaboration enrichissante pour tous. Face à cette menace constante, il n'y a d'autre issue que de tenter de se protéger du mieux qu'on peut. Cela a eu pour effet de limiter la résolution des problèmes communs importants, qu'ils soient d'ordre social, économique, environnemental ou culturel. Je souligne au passage le manque de collaboration dont font souvent preuve nos élus, adoptant des attitudes qui encouragent l'esprit de combat au lieu de l'entraide. Les relations deviennent ainsi des duels, nous forçant à adopter des stratégies de protection et de défense contre l'effritement de nos croyances et de nos valeurs.

Explorons ensemble les éléments qui composent les différents mécanismes de réactivation de vos limites, de même que les réactions physiques et émotives qui y sont associées, afin de les comprendre et d'atténuer leurs effets, pour enfin choisir une route différente.

Les mécanismes de défense

Les mécanismes de défense s'activent lorsque nous nous trouvons face à de nouvelles situations, lorsque nous sommes déstabilisés, lorsqu'une partie de nous se sent menacée. Une situation inconfortable ou inhabituelle nous fait réagir ; cette réaction, similaire à celle d'un être se préparant au combat, sert principalement à nous protéger du changement et à maintenir un cadre rassurant pour l'évolution de notre personnalité. Par réflexe, celle-ci a tendance à associer la nouveauté à une menace. Ces différents états que nous expérimentons tout au long de notre vie sont considérés comme « normaux » dans notre vie rapide et trop pleine. En fait, ils ne nous laissent pas le temps de nous interroger sur nos besoins ni sur la disparition de notre liberté d'action.

Il est vrai que, dans un quotidien terne, accablés comme nous pouvons l'être par les soucis et les responsabilités, il nous arrive de désirer vivre avec plus d'intensité. Afin d'oublier que nos habitudes ne nous mènent pas au bonheur, nous nous adonnons à des activités secondaires qui sont toutes des échappatoires à la réalité. La mesure standardisée qui pourrait nous aider à évaluer notre niveau de bonheur n'existe tout simplement pas. On lui a substitué un type de remplissage artificiel d'émotions, qui constitue une sorte d'absence au moment présent, à défaut de mieux.

Il est important de comprendre qu'en esquivant la réalité, vous faites trois choses :

- Vous masquez la raison pour laquelle vous n'êtes pas en contact avec vos besoins.
- Vous vous justifiez de ne pas les satisfaire.
- Vous évitez d'en prendre la responsabilité.

Jusqu'à maintenant, vous avez pu remettre en question vos croyances dans les situations de la vie courante. Vous savez donc que c'est votre perception d'une situation qui calibre l'amplitude de votre réaction. Plus l'événement vous atteindra profondément, plus vous réagirez fortement. Par ailleurs, il se peut que vous ayez adopté un mode « réactionnel » privilégié, que je vous suggère d'analyser maintenant.

Lorsque vous avez une réaction de défense,
vous pouvez toujours saisir l'occasion de faire des choix différents
afin de redevenir l'acteur principal de votre vie et d'en tirer
une réelle satisfaction.

Voici quelques exemples de comportements et de réactions habituels, et le mode réactionnel qui y est associé, soit le « réflexe d'absence » :

Comment est-ce que je me comporte?	Réaction	Peur de…	Réflexe d'absence
Sous tension constante - incapable de relaxer	Nervosité, anxiété	Mort (refus de vivre)	Hyperoccupation (agir) Étourdissement
Je suis très exigeant envers moi-même	Surper-formance	Rejet	Accaparement du mental
Je manque d'énergie, rien ne me tente jamais…	Diminution des activités	Rejet	Endormissement (léthargie)
Je déteste les rencontres, les sorties (solitude)	Auto-exclusion	Rejet	Fuite
Je dramatise les événements, je me conduis en victime	Apitoiement	Mort (souffrance physique)	Consommation
Je n'arrête pas deux minutes	Mal de vivre	Souffrance	Hyperoccupation (tâches)
Je suis sur mes gardes	Méfiance	Trahison	Hyperoccupation
Je me sens indigne de l'appréciation des autres	Timidité, crainte	Rejet, abandon	Hyperoccupation
Je suis difficile à vivre	Critique réflexe	Abandon	Accaparement du mental
Je n'en ai jamais assez	Prend toute la place	Peur du manque	Consommation
Altruiste extrême (Je ne m'occupe que des autres)	Surper-formance	Rejet	Hyperoccupation
Narcissique (Je ne m'occupe que de moi-même)	Méfiance	Trahison, rejet	Hyperoccupation Consommation
Je ne sais pas quelle attitude adopter, j'hésite sur tout	Manque de confiance en soi	Trahison, abandon, rejet	Toutes les formes
Je ne suis jamais satisfait de ce que je fais	Surper-formance	Abandon	Hyperoccupation (agir) Fuite (léthargie)
Ma vie est un chaos	Apitoiement	Mort, abandon	Fuite
Je ne dors pas bien du tout	Anxiété	Mort (refus de vivre)	Accaparement du mental

Le retour à l'équilibre naturel de l'expression du Soi peut maintenant débuter. Comme les modes d'absence présentent des similitudes, ils sont regroupés ci-dessous en six catégories, qui permettent d'identifier les différents réflexes de dissociation. Il est primordial de comprendre de quelles façons ils s'immiscent dans vos activités, de même que les manques qu'ils peuvent avoir laissés dans vos habitudes et vos comportements.

Hyperoccupation (agir): Vous vous tenez occupé, sautant d'un projet à l'autre, d'une activité à l'autre, et ne vous accordez de répit que lorsque vous tombez de fatigue ou lorsque votre corps vous arrête, que ce soit par la maladie ou une blessure, ou à cause d'un événement qui vous force à vous reposer (vacances, contretemps, période de réflexion ou, plus grave, accident, deuil, perte d'emploi, etc.). L'hyperoccupation vous permet d'oublier que votre quotidien ne vous comble pas. Malgré toutes les activités auxquelles vous vous adonnez, vous ne ressentez pas d'apaisement. Vous réagissez donc en multipliant les actions, projets, déplacements, etc. Vous êtes un gestionnaire *multitasking* et, fort probablement, un hyperactif. Votre phrase préférée: « Je n'ai pas le temps. »

Endormissement (léthargie, rêverie): Vous cherchez les occasions de ne pas être là. La surconsommation d'alcool, de drogue, le sommeil prolongé et la consommation de télévision sur de longues périodes font partie des réactions liées à cette catégorie. Cela vous permet d'oublier que votre vie vous inspire un profond dégoût, que vous ne vous accomplissez vraiment dans aucune de vos activités ou de vos choix personnels. En d'autres termes, vous faites tout pour ne pas être là, pour oublier que ça ne va pas. Vous n'êtes pas du genre enthousiaste; votre participation aux tâches quotidiennes est difficile et vous tentez de les éviter à tout prix.

Accaparement du mental : Vous gardez votre « mental » occupé. Vos pensées se succèdent sans raison ni besoin apparent, et vous ne vous accordez de répit que lorsque vous tombez de fatigue, que vous souffrez de migraines carabinées ou avez des étourdissements. Vous pouvez ainsi éviter de constater que vous êtes insatisfait, que vos désirs ne sont pas comblés. Vous êtes un « pro de l'élastique » (voir chapitre 5) et vous êtes sujet à l'épuisement et à la fatigue chronique.

Étourdissement : Vous cherchez les occasions de vous évader, d'oublier le quotidien. La surconsommation de plaisirs instantanés comme le sexe compulsif, les jeux vidéo, les loteries et le jeu au casino, les médias sociaux, les soirées dans les discothèques, de même que le surentraînement physique font partie de cette catégorie d'évitements. Ces comportements vous font oublier que votre vie manque de sens. Vous êtes un pro de la phrase : « Ça ne me tente pas ».

Fuite : C'est une réaction primaire de protection physique, ce qu'il y a de plus organique. Votre système de défense et votre intelligence ne trouvent pas de solution logique ni sécuritaire, à part vous retirer promptement d'une situation d'inconfort. Votre réaction s'apparente à celle que vous auriez devant une menace réelle pour votre sécurité ; elle vous permet momentanément d'écarter le « danger ». Vous êtes un pro des excuses et des justifications, grâce auxquelles vous évitez le moment de vous expliquer et de communiquer vos insatisfactions.

Consommation : Vous cherchez les occasions de combler votre insatisfaction par une autre forme de satisfaction, celle de la consommation de biens, de nourriture, ce qui inclut les habitudes compulsives (ranger des objets, nettoyer, classer, etc.). Vous obtenez alors un soulagement <u>temporaire</u> qui peut ressembler à de la plénitude. Vous êtes un pro du magasinage et du ménage.

Le point commun de ces comportements est qu'ils sont tous occasionnés par la pulsion d'éloigner la source de vos désagréments. Vous vous retrouvez dans une phase à vide, réelle ou imaginaire, et toutes les émotions dites « normales » provoquées par ces situations refont surface. Ce n'est pourtant que lorsque vous entamerez un réel travail d'observation sur vous-même, à l'abri dans votre cocon, que vous en prendrez conscience.

Parallèlement, il arrive parfois que des personnes de votre entourage deviennent des déclencheurs, en exprimant soit un commentaire, soit un jugement, soit une critique. Vos réactions, automatiques, sont générées par l'association à une expérience antérieure. Le fait que vous adoptiez un nouveau comportement provoquera un retour du balancier. Par exemple, si vous modifiez une habitude négative, comme celle de faire des remontrances à tout propos aux gens autour de vous, vous pourriez recevoir, en réponse à ce changement, de très nombreuses critiques de leur part ou de celle d'autres personnes. Ne désespérez pas, car il s'agit de la réaction naturelle de votre entourage aux changements que vous apportez à vos comportements. On l'appelle l'effet *boomerang*.

L'EFFET BOOMERANG

Avec le temps, votre personnalité a intégré différents schémas de pensée et modes de fonctionnement qui visent à vous protéger de tout changement radical. En cherchant à élargir davantage l'éventail de vos perceptions, en vous engageant dans l'exploration de vos barrages intérieurs, vous toucherez inévitablement à des zones inconfortables.

Plus vos efforts pour apaiser votre mental, pour modifier vos perceptions et vos réactions seront déterminés, plus le blocage s'intensifiera. L'effet boomerang peut être constitué de différents modèles de va-et-vient qui, au départ, seront tous aussi désagréables les uns que les autres. Il y a essentiellement deux facteurs à considérer dans ce processus : la compréhension de son mécanisme, et la signification de son activation.

Comprendre le mécanisme du boomerang

Vous avez amorcé le repérage de vos failles personnelles, de ces espaces qui ne vous satisfont plus, l'identification des croyances et des habitudes qui vous empêchent de toucher à la sérénité et à la joie. Cette phase de libération de votre Soi s'apparente à l'action de creuser un sillon dans un terrain complètement desséché, durci par le manque de soins.

Lorsque vous utilisez les outils de connaissance de soi qui vous sont proposés ici, la toile de votre vie commence à changer. Même s'il s'agit de votre propre remaniement intérieur, toute modification a une répercussion ! Au fil des changements d'attitudes et de pensées, on obtient un rapport différent avec la réalité. Votre aptitude à considérer des éléments nouveaux augmente votre capacité au bonheur. Pas à pas, votre perception des choses s'améliore.

Soyez assuré qu'en ayant à cœur d'effectuer cette transformation, vous arriverez à vivre de façon plus harmonieuse. Plus vous réaliserez que votre nouvel environnement vous apporte la liberté dont vous avez besoin pour faire des choix positifs, plus votre vie prendra une direction qui vous correspond. Cette réaction vibratoire de l'Univers, aussi déstabilisante qu'elle puisse vous sembler, sert à tester vos apprentissages. Si vous avez bien intégré le principe de la bienveillance, et si vous êtes bien engagé dans votre conversion positive, ces effets ne seront que passagers.

Vous êtes comme un jardin qu'il convient d'entretenir en adoptant des comportements bénéfiques; donnez-vous le plus d'occasions possible de répéter ces gestes aimants envers vous-même, de réaffirmer votre intention, car la répétition assure une intégration nourricière.

La signification de l'entrée en action de l'effet boomerang

Ce que vous devez savoir, c'est que l'effet boomerang est bon signe! Il est la confirmation que l'intégration de votre nouvelle approche fonctionne! Pourquoi? C'est simple: vous avez pris de la distance par rapport à un comportement nuisible. Ce faisant, vous êtes devenu plus habile à le reconnaître. Vous êtes donc plus vigilant face à sa manifestation, chaque fois qu'il réapparaît dans votre vie.

À ce point-ci, il se pourrait que vous soyez tenté de rebrousser chemin. Vous pourriez avoir l'impression que votre entourage s'attaque à vos valeurs et à vos croyances, et vous dire que cela ne fonctionne pas. Il est normal que, en abandonnant vos anciennes habitudes, votre esprit ait comme réflexe de résister à la nouveauté. Mais souvenez-vous que, en freinant votre avancée, vous retarderez l'expansion de votre Soi. Je vous incite plutôt à voir dans ces contrecoups du destin une façon d'encourager les expériences enrichissantes que vous vous donnez l'occasion de renouveler. Observez et appréciez la transformation du comportement qui vous bloquait. Dites-vous que, dorénavant, vous ne ressemblerez plus à ces personnes mesquines, que vous avez appris à prendre du recul pour mieux réagir, avec la quiétude au cœur de votre intention. Vous avez fait des choix positifs, et l'intégration de ces nouvelles attitudes vous apportera beaucoup de satisfaction.

Nous avons vu dans la section sur les mécanismes de défense que des acteurs externes peuvent réactiver vos mauvais comportements. C'est ce qu'il se passe lorsque des émotions remontent à la surface : celles-ci peuvent amalgamer nos réactions en une boule compacte, qui n'a plus de sens. La réactivation est un proche parent de l'effet boomerang.

La réactivation comme dérivé du boomerang

Tout comme l'effet boomerang, la réactivation est principalement une réaction de défense qui vise à repousser certains changements. Dans les deux cas, il peut s'agir d'une réactivation de base, par exemple lorsque vos besoins primaires ne sont pas comblés. Ou bien il peut s'agir d'une réaction automatique dans le cas d'une croyance, d'un programme du fameux type « copier-coller », qui vous pousse à vous conformer à un modèle appris, à calquer votre réaction sur une habitude, sur une ligne directrice. L'une comme l'autre, elles agissent tel un rappel de la voie que vous avez choisie.

Chapitre 5

LE TOURBILLON DU MENTAL

Nous connaissons tous des journées au cours desquelles nos pensées défilent à toute vitesse. La surstimulation à laquelle nous soumettons nos cellules cérébrales en est la principale cause. Sous l'emprise de la polyvalence et de la performance, cumulant les tâches et les responsabilités, nous avons été entraînés à faire plusieurs choses à la fois, baignant dans un flot continu de communications, d'informations, d'actions... Nous vivons à l'ère de Wonder Woman et de Superman! Cet accaparement du mental nous empêche de prendre conscience de notre état intérieur, des sentiments que nous vivons en temps réel.

Plus qu'une simple habitude, ce réflexe est malheureusement bien ancré en nous. Pourtant, il est vital pour notre santé de comprendre que la surproductivité a des effets négatifs. Le fait que nous soyons constamment dans notre tête nous éloigne des messages provenant du corps. Que doit-on faire pour calmer notre esprit et toucher plus souvent à la quiétude ? Comment retrouver un sain équilibre ?

Tout d'abord, il est primordial d'observer que nos pensées se sont enflammées : « Ça y est, le petit rongeur, dans ma tête, s'énerve[1] ! » Notre organisme est sous tension constante. Le hamster trotte dans notre tête et monopolise notre énergie et notre attention ; il court dans toutes les directions à la fois, à nous en faire perdre la boule.

Voici un exemple de l'accaparement du mental, pour vous démontrer à quel point les pensées peuvent s'enchaîner sans relâche. Je suis certaine que vous en trouverez de nombreux autres dans votre quotidien.

Observation des pensées et de leur enchaînement

En allant à la salle de bain, je m'aperçois qu'il manque de papier hygiénique et qu'une bouteille de produit nettoyant sous l'évier est presque vide... Il y en a peut-être dans la réserve. Je vais aller voir. Je dois le mettre sur la liste de courses à faire... qui se trouve dans la cuisine.

Puis, en ouvrant l'armoire juste au-dessus, je constate qu'il ne me reste qu'une boîte de tomates... et, en me penchant, je remarque qu'il y a des miettes de pain sur le plancher... Je pense à ce qui a pu se passer, comment se fait-il, qui a laissé des miettes ?

1. Serge Marquis. *Pensouillard le hamster*, Éditions Transcontinental, *Ateliers intégrés de méditation*, 2013.

Je sors le balai et je les ramasse ; à la radio, la météo annonce de la pluie pour demain. Comme j'avais prévu aller chez mes parents pour jardiner, je pense à ce que je vais leur dire pour annuler ma visite… Ils seront certainement déçus.

Et s'ils venaient à la maison pour souper ? Qu'allons-nous préparer ? Je dois absolument sortir faire les courses… Ah oui, la voiture est au garage… zut !

Arrêtons-nous ici. Il est temps de faire une pause et surtout de stopper ce flot incessant de pensées !

Permettez-vous maintenant de vous déposer, ne laissez rien d'autre s'imposer à votre esprit pour les prochaines minutes.

EXERCICE

Exploration des pensées

1. Fermez les yeux pendant un moment. Quelques minutes suffisent !
2. Observez vos pensées comme si vous regardiez un paysage, sans vous soucier des détails du voyage ni de son organisation.
3. Admirez à quel point les pensées sont rapides et se succèdent sans relâche…

« Les pensées sont comme des vagues sur un lac ; l'esprit agit comme le vent, soit il calme les vagues, soit il les grossit et les agite ! [...] Quelles que soient les pensées et les émotions qui se manifestent, laissez-les donc s'élever puis se retirer telles les vagues de l'océan. Permettez-leur d'émerger et de s'apaiser, sans contrainte... Soyez semblables à l'Océan contemplant ses propres vagues ou au ciel observant les nuages qui le traversent ! Vous vous apercevrez vite que les pensées sont comme le vent ; elles viennent puis s'en vont[2]. »

Notre esprit nous joue des tours, créant d'habiles scénarios rehaussés de nombreux détails et, bien souvent, il calcule le tout en fonction de facteurs superflus. Bien qu'il soit utile de planifier et de gérer le temps nécessaire aux tâches quotidiennes, le cerveau investit une quantité d'énergie extraordinaire dans l'élaboration de plans totalement virtuels. Chaque jour, une multitude de pensées surviennent sans objectif ni lien avec ce qui se passe dans l'instant présent. Le cerveau est devenu expert dans l'art de la projection vers un futur édifié de toutes pièces.

LE SYNDROME DE L'ÉLASTIQUE

Votre esprit est encombré par des pensées, ce qui vous tient fort occupé. Le mental est un précieux outil, mais il peut

2. Sogyal Rinpoché. *Le livre tibétain de la vie et de la mort*, La Table Ronde, 1992.

s'activer au point où nous n'arrivons pas être attentifs à quoi que ce soit d'autre, que ce soit aux messages du corps ou à ceux de notre environnement. Nous nous projetons dans tant de détails, dans tellement de directions différentes, de réflexions qui s'enchaînent en des processus complexes, qu'il devient difficile de prendre conscience de ce qui se passe véritablement. Nous nageons dans la direction opposée à la paix intérieure ! Cela a pour effet de nous masquer la réalité.

Nous meublons notre vie avec toutes sortes de tâches et d'activités. La suroccupation produit une déconnexion entre le cerveau, qui est hyper stimulé, et le besoin qu'a le corps de se ressourcer. Le sommeil commence alors à nous fuir. En peu de temps, nous devenons épuisés, nous manquons d'énergie. Tout devient difficile, compliqué. Bref, le bonheur s'éloigne.

Désormais, nous pouvons prendre un peu de recul, effectuer un détachement de nos pensées et de nos multiples projets. Ainsi, nous nous donnons la chance de créer de l'espace, de respirer et de mieux distinguer les événements, l'environnement, nos émotions et nos pensées.

« Le bonheur n'est possible que lorsque l'on vit au ralenti[3]. »

3. Omar Sharif, acteur.

Quelques trucs pour arrêter l'élastique :

- Contemplez la nature.
- Portez les yeux sur un objet et admirez-le.
- Revenez à maintenant, que faisiez-vous ?
- Comment vous sentez-vous ?
- Comment est votre corps ?

Faire le point

Faire le point vous aidera à désactiver le cycle des pensées, qui vous entraîne trop loin. En même temps, le contact avec votre environnement vous aidera à constater que vos besoins ne sont peut-être pas tous comblés, que le plan mijoté dans votre esprit ne convient pas du tout, ou qu'il ne convient qu'en partie. Une fois que vous avez pris l'habitude de repérer le moment où vous sautez dans l'élastique, vous pouvez utiliser la fonction Pause, car il peut se présenter des situations où vous ressentez de la pression, où vous avez l'impression d'être bousculé.

LA FONCTION PAUSE

Lorsque les choses se précipitent, que vos pensées et vos réactions vous échappent, respirer devient un réflexe de survie. Les personnes autour de vous sont tout aussi empreintes du syndrome de la performance que vous pouvez l'être, et le recul est souvent bien difficile à adopter. Sans le vouloir, vous glissez dans un cycle dans lequel il est exigé que vous en fassiez toujours plus. Vous avez appris à faire le point, et vous pouvez maintenant prendre du recul. Au lieu de vous laisser emporter par la hâte, à ces moments-là, je vous propose d'utiliser la fonction Pause.

De multiples situations, sur le plan individuel ou collectif, engendrent un stress tributaire de la perception des enjeux. Plus vous acceptez les pressions externes, plus vous subissez de stress. Appuyer sur Pause permet de visiter le terrain où la pression s'exerce, afin de désactiver le sentiment d'urgence, et de convenir d'une stratégie qui tiendra compte à la fois des besoins et des objectifs. Afin de repousser la pression qui s'exerce par habitude ou par ricochet, la mise sur Pause est très utile. Prenez soin de la pratiquer le plus souvent possible !

Voici quelques exemples de Pause ; ils mettront en lumière ce que vous vivez. Ces énoncés peuvent également être combinés entre eux et vous permettre de faire une prise de conscience. De façon générale, ils apportent un soulagement à votre état de tension.

Exemples de mise sur Pause

- Respirer.
- Créer un espace pour soi.
  Ex. : Aller aux toilettes, faire une promenade, etc.
- Demander un délai de réflexion.
  Ex. : « Ce que tu me dis est important, puis-je y réfléchir ? »
- Reporter à un moment opportun.
  Ex. : « J'aimerais beaucoup nous accorder du temps afin de pouvoir t'écouter. Peut-on remettre cette discussion à un autre moment ? »

- Verbaliser ses pensées (accord, désaccord, etc.).
  Ex.: «Je comprends ce que tu me dis; je pense d'ailleurs (ou par contre) que...»

- Nommer l'émotion qui survient, pour permettre à l'autre d'en prendre conscience.
  Ex.: «Je remarque que tu es (en colère, triste), que tu te sens (déçu)...»

- Nommer sa propre émotion.
  Ex.: «Ce que tu me dis (me fais) me (touche, m'interpelle, me bouleverse)...» «Je suis (triste, perplexe, etc.)...»

- Refuser de se sentir coincé, et faire une contre-proposition.
  Ex.: «Peut-on prévoir un moment pour en discuter? J'aimerais avoir l'occasion de te dire ce que j'en pense.»

- Reconnaître la situation ou le besoin qui est exprimé.
  Ex.: «Tu sembles dire... (que tu as besoin d'aide, que tu es débordé, que tu es fatigué...)»

- Demander plus de détails ou d'explications.
  Ex.: «Je ne suis pas certain de comprendre; puis-je te poser quelques questions?»

- Faire un reflet de la pression subie/ressentie.
  Ex.: «Je comprends que la situation ne te convienne pas... Je perçois ton sentiment d'urgence, ton désir de bien faire et rapidement...»

- Manifester verbalement le refus de la pression exercée.
  Ex.: «Je refuse de subir la pression que tu exerces sur moi en ce moment. J'aimerais te proposer que nous trouvions ensemble une façon différente de voir/faire les choses.»

Je suis certaine que vous découvrirez différentes façons de pratiquer la fonction Pause dans votre réalité. Ce qu'il est important de retenir, c'est que rien n'exige RÉELLEMENT que vous agissiez avec une précipitation qui vous ferait perdre de vue des enjeux importants, ou encore vous empêcherait de choisir vos propres réactions. Toutefois, demeurez alerte afin que la Pause ne devienne pas une réaction d'évitement, car il pourrait être tentant de négliger ce qui requiert votre attention. Si vous constatez que c'est le cas, la section sur les mécanismes de défense (p. 47) vous aidera à comprendre pourquoi vous entrez dans ce mode de fonctionnement.

Chapitre 6

L'ÉGOCENTRIQUE ÉPANOUI

Dans la recherche du bonheur, de nombreuses occasions de se perdre peuvent se présenter : revenir à soi est donc essentiel. Les outils que je vous ai présentés jusqu'ici vous ont permis d'amorcer une ouverture qui peut vous en apprendre beaucoup sur votre propre fonctionnement. Par brèves périodes, vous sortez de l'exigence de la performance pour prendre votre pouls. Vous aurez tendance à vous sentir égoïste, car prendre le temps de penser à soi n'est pas une habitude que vous avez intégrée. L'appellation « égocentrique épanoui » désigne un comportement qui vous guide vers l'équilibre personnel, qui vous permet d'adopter les attitudes nécessaires afin de prendre soin de vous, en premier lieu. Pour bien comprendre comment le retour vers votre Soi s'articule, j'aimerais vous entretenir de ce que je considère comme un frein à la satisfaction : la performance.

Toute organisation ou personne peut bénéficier de l'encouragement à la performance. Plus nous sommes performants, plus l'organisation tire des avantages de notre contribution. C'est de l'altruisme à sens unique. Par contre, il y a bon nombre d'occasions où nous aurions intérêt à freiner les demandes externes et à nous recentrer. En effet, la répétition des réflexes et des gestes altruistes font que les autres deviennent notre priorité au détriment de nos propres besoins. Poussé à l'extrême, ce comportement peut devenir une façon d'éviter de prendre la responsabilité de notre propre bien-être.

LA PERFORMANCE : DÉMESURE OU ÉQUILIBRE ?

Quand on pense à la performance, des situations positives nous viennent facilement à l'esprit. Par exemple, on parlera pour les sports de performance athlétique, d'endurance, de persévérance et d'obstacles à vaincre. Certains loisirs poussent aussi les participants à dépasser leurs limites, à surmonter leurs craintes et à atteindre des objectifs toujours plus élevés. Ce sont les aspects positifs de la performance qui nous aident à établir un équilibre, à choisir plus sainement nos activités, plutôt que de nous pousser à agir seulement en fonction du bien-être des autres. Il est réconfortant de savoir que nous pouvons adopter des messages et des habitudes à l'effet motivateur chaque fois que nous désirons atteindre un objectif, car la réussite demande une bonne dose de courage et de ténacité. Plus vous tenez compte de vos passions, plus ce sera facile.

Dans la sphère sportive, la démesure sur le plan de l'entraînement peut occasionner des blessures et l'épuisement. De même, se concentrer sur un seul type d'entraînement peut mener à l'exténuation, à une phase plateau pendant laquelle l'athlète ne progressera plus. Dans une société qui encourage la surproductivité, on a tendance à vouloir se surpasser dans des domaines où cela n'est pas nécessaire. Lorsque la performance gère notre vie personnelle, cela provoque une surcharge d'efforts et une dépense démesurée d'énergie. Nos buts et nos exigences intriqués, nos tâches et nos responsabilités forment un amas difficile à gérer. À cause des pressions qui en découlent, on peut oublier de s'arrêter pour évaluer notre état, nos besoins, et ceux des autres également. Le surcroît de tâches peut même bloquer partiellement notre jugement.

C'est pourquoi nous nous mettons en colère lorsque nos enfants ne s'habillent pas assez vite le matin, quand nous sommes pris dans la circulation ou quand le repas ne cuit pas assez rapidement ! À bien y penser, s'occuper d'une personne que l'on aime demande de prêter attention à ce qui ne relève pas de l'efficacité, mais plutôt de la bienveillance. Notre attention n'est tout simplement pas dirigée à la bonne place. On oublie des aspects importants, qui auraient un effet bénéfique à long terme sur la santé et le bonheur humains. En y pensant bien, bon nombre de nos actions ne requièrent aucune performance !

Voici comment évaluer que vous subissez les effets négatifs de la performance…

- Vous avez les dents serrées.
- Vous respirez de façon très superficielle.
- Vous manquez de temps pour tout, êtes constamment pressé.
- Vos gestes sont brusques.
- Vous n'avez pas envie de dialoguer.
- Vous n'arrivez pas à identifier vos émotions.

- Vous avez de la difficulté à percevoir les réactions d'autres personnes.
- Vous avez l'impression de ne pas profiter de la vie.

... et quelques questions pour évaluer votre degré d'accaparement :

- Qu'est-ce que je ne vois pas, que j'oublie de considérer ?
- Quel est le plus petit geste à faire pour être bien, maintenant ?
- Y a-t-il vraiment une urgence ?

Ces indicateurs de la pression liée à la performance sont importants. Grâce à ceux-ci, vous pourrez agir tout en évitant un état d'empressement inutile.

Exemples de trucs pour gérer la pression

- Prenez cinq respirations. Détendez-vous !
- Retirez-vous psychologiquement de l'engagement (mettez-vous sur Pause).
- Fixez-vous des objectifs réalistes.
- Riez de votre poussée d'émotions négatives dès que vous en prenez conscience.
- Transformez la situation en un moment de jeu et de plaisir !

« L'unique personne qui t'accompagne toute ta vie, c'est toi-même ! Sois vivant dans tout ce que tu fais[4]. »

CRÉER L'EFFICACITÉ SANS LA PRESSION

L'équilibre et l'efficacité ne sont pas incompatibles. Qui n'a pas déjà entendu la phrase « la vie est un jeu » ? La performance nous pousse à tort à faire de tout geste une question d'efficacité. Avons-nous seulement essayé d'insuffler la passion et le plaisir à nos actions ? Retirer le sentiment d'urgence de notre quotidien est possible, si nous apprenons à voir les tâches à accomplir comme un jeu.

Le sentiment de ne jamais en faire assez guette tous les adeptes de la performance. Avec le temps, l'essoufflement augmente, causant de la frustration. Nous devenons exigeants, critiques, impatients. La tension perdure et fait de chaque pas une lutte, plutôt qu'une expérience agréable. Au lieu de compliquer les choses en suivant un cours sur le *self-control* (la maîtrise de soi), je vous suggère plutôt d'avoir recours à une très belle qualité : l'empathie.

Un espace de bienveillance : l'empathie

Un des actes les plus enrichissants, c'est donner, qu'il s'agisse d'un coup de main, d'une parole réconfortante ou d'un simple sourire. L'empathie est une qualité d'attention que

4. Pablo Picasso.

l'on peut s'offrir en cadeau, aussi qu'à autrui. C'est ouvrir son cœur à ce qui est bénéfique, tout en en retirant de la satisfaction au passage. C'est créer un espace d'ouverture, d'accueil, d'amour qui ne demande qu'à être utilisé et qui fait abstraction des pensées et des jugements. Tout le monde a besoin d'une oreille bienveillante. Gardons à l'esprit que c'est ce qu'il y a de plus simple qui fait le plus de bien !

Quand ai-je le plus besoin d'empathie ?

- Lorsque je réagis à une situation.
- Quand j'ai envie de changer quelque chose.
- Quand je vis quelque chose qui est difficile pour moi.
- Quand je m'engage dans un combat.

Quels sont les effets de l'empathie ?

- Générer un sentiment d'équilibre et de quiétude.
- Désamorcer les conflits.
- Établir une connexion authentique.

- Créer un lien avec ce qui est là pour soi, plus fidèlement.
- Créer de l'ouverture pour parvenir à prendre du recul.
- Installer un espace de compréhension et de collaboration.

« Choisir la bienveillance, c'est nourrir les parties de soi qui ont besoin de s'exprimer dans notre vie[5]. »

Si nous souhaitons développer notre capacité au bonheur, nous devons apprendre à évaluer nos besoins et à les différencier de nos désirs momentanés. Si nous ne sommes pas en harmonie avec nos besoins, une émotion négative, par exemple la tristesse ou la déception, peut en être un bon indicateur. De plus, les besoins ont cette particularité que, s'ils ne sont pas comblés, ils ressurgiront avec plus de force à la prochaine occasion. Regardons ensemble comment reconnaître l'indice de changement qu'est la satisfaction, en commençant par apprendre à faire la distinction entre les besoins et les désirs.

5. Sonia Morissette. *Les ateliers intégrés de méditation*, 2012.

LA DIFFÉRENCE ENTRE BESOINS ET DÉSIRS

En général, nous confondons nos envies, nos désirs, avec des mouvements essentiels de satisfaction. Lorsque nos besoins sont comblés, nous éprouvons des émotions positives. C'est ce qui rend notre vie satisfaisante de façon durable. Mais il est primordial d'apprendre à faire la différence entre les besoins et les désirs, car ces derniers ne sont pas garants de notre bonheur.

Êtes-vous à l'écoute de ce qui vous fait du bien? Est-ce qu'il s'agit simplement d'un désir, de quelque chose dont vous avez envie? Manger de la crème glacée par une journée chaude ou aller voir un film sont tous deux des désirs. Si vous devez vous en passer, vous ne vivrez pas de traumatisme important. Contrairement à un désir, un besoin ne peut être passé sous silence ni demeurer insatisfait bien longtemps, au risque de causer des dommages et bon nombre de désagréments, tant sur le plan physique qu'affectif.

Il est donc évident que l'hygiène, l'alimentation, l'apport en oxygène, un corps en santé sont des besoins; personne ne peut s'en passer sans subir les conséquences qu'entraînerait le fait de les ignorer. Cependant, l'accumulation d'échecs et de déceptions dans nos stratégies pour combler nos besoins est parfois trop grande pour que l'on arrive à comprendre pour quelle raison nous éprouvons, par exemple, de la colère. En proie à des émotions qui sont l'antithèse d'un état de bien-être, nous tentons alors de déjouer nos insatisfactions, en nous repliant plutôt sur nos désirs.

La déception et la gestion des besoins

La déception survient quand une attente ou une demande n'est pas comblée. Ce sentiment joue un rôle important dans la recherche de satisfaction de nos besoins, car elle est une bonne mesure du succès des méthodes appliquées afin de les assouvir. Bien gérer ses besoins débute par la capacité de repérer le moment où :

- nous ressentons de la déception ;
- nous éprouvons de l'insatisfaction ;
- nous rendons les autres responsables de nos émotions ;
- nous remplaçons nos besoins par des désirs.

Nombreux sont les événements qui, dans nos relations avec les autres, font naître en nous des émotions perturbantes ; notamment la trahison, l'infidélité et le rejet. Le cadre habituel dans lequel nous vivons commence alors à se désagréger. Nous perdons nos repères, et nos mauvaises habitudes sont réactivées. Dans ce cas, il devient évident que les stratégies que nous utilisons pour satisfaire nos besoins sont inadéquates. Il se peut que nous commencions alors à manquer de confiance et à ne plus savoir comment remédier à tout ça. Puisque nous avons également tendance à « copier-coller » des habitudes pour combler nos besoins, il se peut que nous éprouvions de la difficulté à sortir du cycle de l'insatisfaction. Comme nous l'avons vu avec les mécanismes de défense, nous avons tendance à adopter un mode d'absence afin d'enrayer la résurgence de sentiments négatifs.

Astuce : L'apparition des émotions négatives peut vous servir à prendre conscience que :

- vous souffrez d'un besoin insatisfait ;
- un ancien comportement est réactivé par une situation comme un échec, une impasse, etc. ;
- ce n'est pas la situation que vous vivez qui est fautive, mais bien la stratégie que vous employez pour tenter de combler votre besoin ;
- c'est une occasion de faire un choix éclairé.

À répétition, la déception nous plonge dans un état de profonde frustration. Nous passons d'une émotion négative à une autre, grossissant le problème, glissant de plus en plus vers le découragement, la tristesse, voire l'anxiété et la colère.

Besoins insatisfaits – réactions émotives

- Insatisfaction
- Regret
- Déception
- Culpabilité
- Honte
- Découragement
- Tristesse
- Stress
- Tension
- Peur
- Anxiété
- Colère

L'EFFET CUMULATIF DE L'INSATISFACTION

La colère est l'expression d'une sensation d'impuissance ou d'outrage, poussée à son extrême ; c'est une réaction de défense qui vous indique que vos besoins les plus essentiels, ceux de reconnaissance, d'amour et de considération, sont demeurés inassouvis depuis de nombreuses années.

Jusqu'à maintenant, vous avez reçu des enseignements axés surtout sur la satisfaction des demandes extérieures, et vous conduisant à ignorer vos élans naturels. Vous avez subi la pression environnante liée à la performance et « copié-collé » des comportements qui n'ont pas donné le résultat que vous attendiez. Ce schéma vous indique à coup sûr que vous n'avez tout simplement pas appris à vous interroger sur ce qui vous rend heureux. Au mieux, un réflexe de survie fait surface. Si vous sentez que la colère qui gronde en vous est légitime, alors ça signifie que vous êtes maintenant prêt à essayer une autre approche !

La colère, un réflexe de survie

Dans notre société, la colère est taboue ; personne ne l'aime. La colère est l'indice suprême que quelque chose ne va pas. Elle fait des ravages dans le cœur des gens et pulvérise nos relations les plus intimes. Elle n'est pas non plus l'expression saine de la passion ou de la volonté. Elle s'incarne par l'entremise de l'impatience, du manque d'énergie, de l'écœurement, de l'insomnie, de la hausse de la tension artérielle, des brûlures d'estomac et autres problèmes digestifs, pour ne nommer que ceux-là. De telles manifestations auraient pourtant dû nous prévenir que notre stratégie pour tenter de combler nos besoins allait dans la mauvaise direction.

Peut-être apprendrons-nous dorénavant à écouter ces signes avant-coureurs de la colère ?

La colère est une émotion puissante, qui peut prendre des proportions dangereuses. Elle suscite la peur, intimide les autres et ne crée rien de positif. Ce qu'il y a de paradoxal, c'est que la colère ne valide aucunement le besoin qu'elle tente d'exprimer, et qu'elle provoque une réaction de fermeture de la part de l'entourage. En fait, elle éloigne les possibilités de compréhension et de satisfaction ; elle nous empêche également d'établir le contact avec la réalité. La personne en colère ne voit plus clair.

Ne dit-on pas de quelqu'un qui est en colère : « Il voit rouge » ?

Désactiver la colère demande beaucoup d'énergie. Observez ce qui se cache derrière la colère. Car qui dit « réaction de défense » dit « tentative de protection ». Plusieurs signes d'insatisfaction peuvent survenir, et ce, simultanément, dans une amplitude qui variera d'un événement à l'autre.

Toutefois, on constate que l'expression de la colère a pourtant un pouvoir porteur. Elle a pour fonction d'affirmer l'existence et d'éloigner la répression. En effet, même si elle constitue d'abord un mode de réaction défensif, la colère est également un mouvement vers notre vérité profonde. Elle représente une forme de protection lorsqu'une personne se sent menacée dans ses croyances, dans son authenticité, qu'elle sent sa propre valeur diminuée, ou que tout autre élément assurant sa sécurité est compromis, que son droit d'exister est brimé. En s'exprimant par la colère, cette personne nous fait part de l'importance de son insatisfaction. Toucher à la colère, c'est commencer à dialoguer avec la partie de soi qui doute, qui cherche à exprimer ce qu'elle a envie de vivre.

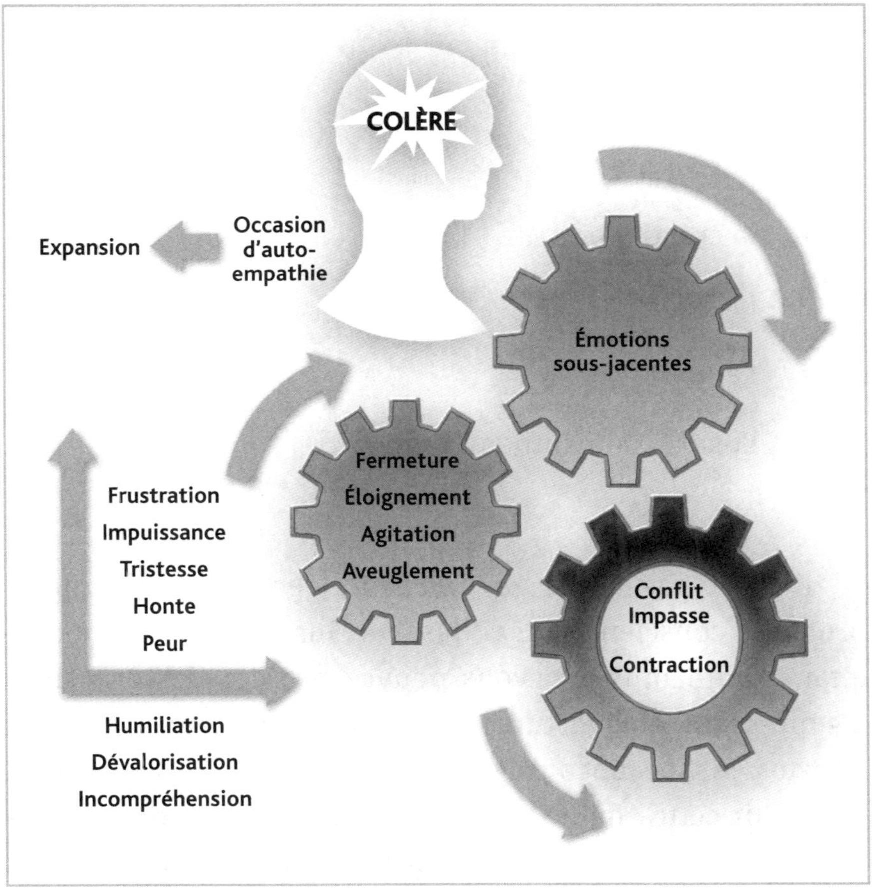

CE QU'APPORTE LE FAIT DE COMBLER NOS BESOINS

L'illustration ci-dessus montre que l'expression de la colère agit comme un signal, et qu'il est important de comprendre ce qu'elle cache. L'autoempathie sert justement à adopter une position de témoin, une attitude de bienveillance. Les émotions que masque la colère peuvent révéler des besoins tels que :

- la reconnaissance ;
- la compréhension ;
- le soutien ;
- la réussite ;
- la créativité ;
- la tendresse ;
- l'amour
- l'expression authentique ;
- etc.

Il n'est pas nécessaire d'en arriver à la colère pour prendre conscience des besoins insatisfaits. En pratiquant l'autoempathie, vous pouvez profiter des occasions d'expression d'ouverture et d'authenticité qui vous sont offertes. Je vous encourage à aller voir au-delà de la colère. Accueillir cette émotion, c'est s'ouvrir à ce dont on a réellement besoin. Ses racines sont profondément enfouies dans vos expériences passées et elle demande toute votre attention. Plus la compréhension de vos besoins s'approfondit, plus vous avez de l'espace pour observer. Il est ensuite possible de trouver des moyens pour prendre soin de soi, tout en étant en accord avec les éléments qui assurent notre bien-être.

Besoins satisfaits – réactions émotives

- Sécurisé
- Détendu
- Comblé
- Épanoui
- Émerveillé
- Confiant
- Calme
- Joyeux
- Vitalisé
- Excité
- Enthousiaste

« Nous avons des graines de colère en nous. Nous avons des graines de désespoir, de peur. Mais nous avons aussi des graines de compréhension, de sagesse, de compassion et de pardon. Si nous savons comment arroser les graines de sagesse et de compassion en nous, ces graines se manifesteront sous forme d'énergies puissantes qui nous aideront à réaliser des actes de pardon et de compassion[6]. »

6. Thich Nhat Hanh, moine bouddhiste. *Pour une métamorphose de l'esprit*, Pocket, 2001.

DEUXIÈME SECTION

Sortir de la dualité

Chapitre 7

LA FIN DU COMBAT

Le combat n'est jamais le bon moyen pour faire respecter nos valeurs, car nous entrons dans une relation de pouvoir dans laquelle il y aura obligatoirement des pertes. Or, les conflits cessent lorsqu'on choisit la paix, lorsqu'on arrête de vouloir avoir raison ; tellement qu'à la fin on en vient à se demander sur quoi était fondé le différend.

Nous pouvons choisir de nous maintenir *en dehors* de la pression liée à la productivité et à la performance, car, comme nous l'avons vu, il existe d'autres moyens : se mettre sur Pause, pratiquer l'autoempathie, le lâcher-prise. Ces outils nous mettent en contact avec les occasions de bienveillance, qui forment une sorte de pont nous faisant passer d'un état de manque à un état de plénitude. Chaque fois que nous refusons de nous arrêter pour prendre du recul, cela retarde le point d'éveil, de même que le moment où la combativité peut céder la place à l'ouverture et à l'exploration.

Tout d'abord, se reconnaître et s'apprécier sont des attitudes qui nous apprennent à faire confiance à ce qu'expriment nos besoins. Nous expérimentons peu à peu la vulnérabilité et le pouvoir de la douceur. Puis, nous acceptons graduellement cette force dans notre existence, qui nous aide à mieux respirer, à croire à la magie de la vie et aux choses faciles. Notre regard change et devient plus accueillant, plus compréhensif et plus souriant. Notre visage est moins ridé. Le conflit se dénoue alors que nous portons notre attention au Moi blessé, qui aurait voulu être câliné et écouté, réchauffé et aimé. Même la vieille querelle se dissout en permettant à l'état d'amour de s'installer, sans rien demander, ni donner, sans même que quiconque ait à nous enlever quoi que ce soit.

Quand je suis dans une attitude de combat :

- je mets en marche mes systèmes de défense ;
- j'engage une quantité immense d'énergie dans un mouvement négatif ;
- je m'obstine, jusqu'à en perdre le sommeil ;
- je vis des émotions multiples et complexes ;
- je perds des occasions de collaborer ;
- etc.

COMMENT DÉCELER UN MOMENT DE COMBAT

- Est-ce que je me sens énergisé ou épuisé ?

- Est-ce que mon corps est tendu ?
- Quelles sont mes paroles ? Comment est ma voix ?
- Comment est ma respiration ?
- Mes pensées me disent que...
- Quelles sont mes émotions ? Qu'est-ce qu'elles me disent sur moi ?
- Est-ce que je peux identifier certains de mes besoins ?

Dans l'intervalle, je peux commencer par aimer la différence au lieu de m'y opposer ! Tout au moins, essayer de voir que cela fait partie de cet éventail des possibilités que nous offre la vie.

Les éléments auxquels vous pouvez prêter attention :

- Ne pas céder à votre désir de contrôler les choses, de changer les autres.
- Modifier vos croyances et attitudes pour rendre votre vie plus agréable.
- Choisir de mettre fin à tous vos conflits (il est trop facile de générer la guerre).
- Prendre le temps de comprendre vos besoins.
- Faire un pas vers l'autre (c'est au plus sage des deux de s'avancer en premier).
- Établir la communication véritable avec votre espace intérieur, puis avec l'autre.
- Interroger votre cœur, afin d'agir de façon aimante.

SAISIR L'OCCASION DE SE CHOISIR : PRENDRE LA RESPONSABILITÉ

Je peux continuer d'affirmer que je n'ai pas choisi ma vie, ou je peux reconnaître que j'ai une chance de créer quelque chose.

À partir du moment où je prends la responsabilité d'habiter ma vie, je ne suis plus la victime de celle-ci, j'en deviens l'acteur principal.

Et je peux alors choisir autre chose POUR MOI !

Il faut être honnête, personne n'est parfait, alors cessons de vouloir trouver des coupables. Il serait tentant de blâmer le destin ou les gens qui sont intervenus dans notre vie, blessant notre fierté et broyant notre estime de nous-même au passage. En sortant de cette sempiternelle ronde qui nous maintient dans la noirceur des accusations et des fautes, osons soumettre notre orgueil et expérimentons cette sensation nouvelle d'être entièrement libre de ses choix, entièrement responsable de son propre bonheur. Plutôt que de subir les événements, engageons-nous à effectuer des changements positifs dans notre vie, qui nous apporteront une réelle satisfaction.

En lisant ce livre, vous prenez le temps d'être témoin de certaines de vos réactions. Plutôt que de subir, vous pouvez accepter de changer la façon dont vous réagissez, à partir de l'identification de vos croyances, de manière à influencer positivement le reste de votre existence. Cette étape est l'un des pas japonais, l'une des pierres du sentier sur lequel vous

vous êtes engagé et qui vous ouvre la voie vers un Soi serein et heureux.

Si vous êtes encore avec moi à ce moment-ci, plongé dans cette lecture, j'ai cette certitude : vous souhaitez que votre Soi, votre essence, émerge dans votre vie. Continuons à cheminer ensemble...

Les actions-clés du retour vers vous-même

- Cherchez dès maintenant à devenir la personne que vous souhaitez être : inscrivez en gros et bien en vue vos plus belles qualités, vos besoins et vos rêves les plus grands.

- Orientez chacune de vos pensées vers cet objectif, visualisez-vous tel que vous serez, et SOURIEZ.
- Mettez de côté tout ce qui ne tend pas vers ce but !
- Identifiez les croyances qui font de vous la personne que vous croyez être en ce moment, de même que celles qui vous rendent insatisfait de vous-même.

À partir de maintenant, tracez-vous un itinéraire et avancez dans cette nouvelle direction avec détermination et souplesse !

Nous sommes le produit de nos croyances et de nos apprentissages. Si vous constatez qu'il vous manque quelque chose pour mettre en œuvre les quatre clés ci-dessus, prenez les moyens de devenir ce que vous visez. Votre vie ne sert pas à combler les besoins des autres, elle sert à exprimer qui vous êtes, et à vous donner la chance de remplir VOTRE propre mission !

EXERCICE

Fermez les yeux, puis déposez-vous dans le moment présent ; vérifiez brièvement l'état dans lequel vous vous trouvez, et faites tout de suite le choix d'être bien. Ne laissez pas vos interrogations, vos pensées, le doute prendre le dessus. Respirez et faites confiance à votre cœur, car il sait ce qui est bon pour vous. Accordez-vous cette pause à l'abri du tourbillon de votre vie.

Aujourd'hui, j'ai décidé d'arrêter de me retenir, et d'être exactement ce que je suis, sans compromis.

Je suis : équilibre, harmonie, paix et force de vie ! Croire, c'est vivre et vivre, c'est ÊTRE.

Texte d'intégration : Sortir de la dualité

En naissant, j'ai cru que je devais me battre, alors j'ai appris à me protéger et à montrer les poings... Mais j'en ai assez, je suis fatigué(e) et j'ai maintenant envie de renouer avec la douceur et le calme. À cet instant, pour ces quelques minutes seulement, je me permets de me reposer, loin du champ de bataille qu'est devenu mon quotidien, et de l'angoisse de mes nuits.

La vie n'est pas un combat. Je n'ai pas à me battre, à choisir entre deux opposés, entre le bien et le mal... C'est entre ces deux extrêmes que TOUT mouvement est possible ! Oui, j'ai le choix de m'émerveiller, en ouvrant grand mon cœur à ce qui est, à ce que JE SUIS. C'est dans cet espace que je peux RESSENTIR la vie, sans donner de puissance à l'un ou à l'autre des pôles que j'oppose constamment dans mon esprit, dans une dualité toujours présente, qui m'accapare. Je réalise que c'est dans le mouvement qui existe entre les deux pôles, dans cet espace, que je VIS !

Je peux me DÉPOSER en plein centre, dans l'intervalle. Tout comme ma respiration, qui est faite d'une inspiration, d'une expiration et d'une pause... J'observe que, dans tout mouvement, il existe un espace libre que j'ai le choix de mettre en lumière et de faire grandir, ou bien d'oublier, pour passer à l'inspiration suivante... Oui, je peux me déposer dans la paix entre les deux et faire une pause... Je peux admirer tout simplement cet espace de calme, où la magie et la beauté sont présentes, où chaque manifestation est créée, sans jugement, sans attente…

On a beau se battre, remuer ciel et terre, faire tout ce qui est en notre pouvoir pour avoir ce que l'on veut, forcer les choses; le résultat ne correspond jamais à l'effort. Malheureusement, avec le temps, nous nous épuisons. À des degrés différents, nous aimons bien avoir le contrôle, que ce soit sur notre vie personnelle ou au travail, parfois sur les autres, sur ce qu'ils disent et font, question de les influencer. Cela nous donne une sensation de « connu », de « déjà vu ». Ces tentatives de contrôle créent une fausse sensation de sécurité, une illusion de confort. Dans le fond, nous ne pouvons pas vraiment changer grand-chose, sans compter le temps et l'énergie dépensés à vouloir influencer notre environnement !

Non, la vie n'est pas un combat. Mon guerrier intérieur peut enfin se reposer. Il peut laisser tomber les armes, cesser d'avoir peur, cesser de se cacher derrière le trop-plein, la colère et le tumulte des pensées.

Je prends le temps d'apprécier ce moment que m'offre la VIE. Je me dépose, je m'ancre au sol au lieu de voler vers des buts qui n'existent pas encore. Je me permets de ME choisir, et de remettre à plus tard tout ce qui me préoccupe.

Une nouvelle vie naît avec le jour.

J'ai cru que je devais chercher ailleurs plutôt que d'apprécier ce qui est.

Je me suis obligé(e) à changer mon présent, sans même prendre le temps de le voir et de le sentir.

J'ai obscurci ma joie avec mes soucis, mes peurs et mes exigences.

Puis,

J'ai tenté d'éclairer ma nuit avec mes rêves.

J'ai vu que je pouvais chérir le jour et la joie de vivre.

J'ai admiré la perfection du monde.

Lâcher prise, ce n'est pas tout laisser tomber; c'est accepter de faire un travail sur soi, d'arrêter le combat, de sortir de la dualité, et choisir volontairement de voir la situation différemment.

Alors tout doucement, j'accueille en moi cet espace de repos parfait, je le laisse prendre toute la place, et je dis à mon cœur, à mon esprit... REPOSE-TOI !

L'OCCASION DE LÂCHER PRISE : L'INTERVALLE

À partir du moment où j'accepte de m'éloigner des conflits, je prends du recul pour mieux évaluer la réalité. L'intervalle est un temps d'arrêt où une décision différente est possible. Sa durée peut varier, et elle est très courte au début. Cet instant passe furtivement, puis, en prenant l'habitude de m'arrêter au lieu de sauter d'une urgence à l'autre, j'apprends à l'utiliser. En développant ma capacité d'observer, de me mettre sur Pause, de reculer plus souvent pour mieux avancer, je constate que les occasions d'intervalles deviennent plus fréquentes.

Dans tout mouvement, il y a un moment où :

- Vous pouvez dire oui à ce qui se passe en vous.
- Vous pouvez accueillir, reconnaître, tout simplement regarder ce qui arrive.
- Vous pouvez dire « Bonjour » à ce qui est là, sans agir immédiatement.

Le simple fait de vous détendre peut mettre en lumière une sensation très précise dans votre corps, vous permettant de réaliser que vous n'étiez pas totalement à l'écoute, que des pensées partaient dans d'autres directions. L'intervalle est l'occasion de cesser de vous agiter dans tous les sens, d'accepter vos limites, de reconnaître les différences, d'éloigner le stress.

Le lâcher-prise crée de la distance entre vous et les situations quotidiennes. Cela vous permet de prendre du recul ; c'est l'antithèse du combat, de même qu'une preuve de confiance en la vie ; c'est dire oui à cet écho qui résonne en vous, que jusqu'à maintenant vous n'aviez pas appris à écouter. C'est aussi une attitude de bienveillance, une attention aimante envers vous-même.

Voici quelques façons d'intégrer une attitude positive et bienveillante envers vous-même :

- Prendre le temps d'entendre ce qui se passe en vous.
- Prendre le temps d'écouter les histoires que vous vous racontez, les différents scénarios que vous utilisez.
- Prendre le temps d'identifier votre besoin.
- Prendre conscience de vos accaparements, de votre empressement, de la pression que vous acceptez de subir, etc.

Quelles sont les occasions de lâcher prise ?

- Lorsque je suis insatisfait ou qu'une émotion survient.
- Lorsque les besoins de l'autre sont différents des miens.
- Lorsque de multiples pensées occupent mon esprit et prennent beaucoup de place.
- Lorsque je me crée des attentes (projetées sur l'autre ou sur moi).
- Lorsque mes préoccupations m'empêchent d'agir !

Que m'apporte le lâcher-prise ?

- Un regain d'énergie.
- Moins d'accaparement.
- Moins de pensées improductives ou négatives.
- Moins d'anxiété et de stress.
- Plus de légèreté.
- Plus de plaisir et de joie.
- Et de la place pour la surprise et les occasions d'émerveillement !

Pratiquer le lâcher-prise me met en contact avec le moment présent. Je deviens disponible, je désactive la lutte dans laquelle je me suis engagé par réflexe et je libère mon énergie créatrice !

Les sept étapes du lâcher-prise

1. S'offrir un espace de bienveillance.
2. Prendre conscience de ce qui survient : sentiments, pensées, sensations corporelles.
3. Accueillir et observer ce qui se passe dans l'intervalle, le calme…
4. Identifier ses besoins.
5. Accepter et prendre responsabilité de son état.
6. Faire le choix de lâcher prise, d'abandonner la lutte improductive.
7. Faire confiance à l'abondance naturelle de la Vie.

Les avantages du lâcher-prise :

- On améliore sa qualité de vie.
- On reconnaît ses limites.
- On arrête de s'inquiéter.
- On peut identifier les émotions, les pensées, les croyances qui bloquent le mouvement.
- On entre dans un espace de liberté, comportant une infinité de possibilités.
- On dit OUI à la vie, et on commence à la voir telle qu'elle est.

- On prend conscience que l'on peut laisser les choses se placer d'elles-mêmes, sans tout contrôler.

En pratiquant l'usage de l'intervalle et en lâchant prise, vous prendrez conscience des combats inutiles que vous menez. Vous pourrez dorénavant accueillir chaque jour comme une source d'abondance où votre potentiel **peut** s'exprimer, expérimentant ainsi vos qualités. Cette nouvelle façon de voir les choses s'appelle la présence.

Chapitre 8

DÉVELOPPER LA PRÉSENCE

Comme nous l'avons vu précédemment, les pressions environnantes nous poussent à nous conformer au modèle populaire. Pour faire face aux défis quotidiens, nous avons édifié des mécanismes de défense. Dans ce cadre limité, il n'est pas facile de choisir de « stopper la machine à réflexion » pour faire le point, et de se permettre de scruter notre espace intérieur afin d'identifier ce qui ne nous convient plus. Les blocages nous empêchent d'atteindre la plénitude (voir chapitre 4).

Vous avez pris conscience de votre environnement immédiat. Vous avez également appris différents moyens vous aidant à vous accorder de la place, à repousser l'urgence et à vous donner le temps de vous interroger sur vos réelles intentions, de comprendre vos besoins.

Je me dépose dans ce moment et je me permets de toucher à sa quiétude.

ACTIVER L'OBSERVATEUR

Maintenant que vous avez eu l'occasion de mettre en pratique les outils de pause et d'accueil des émotions, vous pouvez désactiver les messages négatifs qui proviennent des peurs et des croyances. Pratiquer l'Observateur vous aide à repérer les habitudes, à éliminer les attitudes qui vous empêchent d'être présent, qui vous distraient, qui font que vous manquez de concentration. Pour ceux qui connaissent l'approche de Marshall Rosenberg, c'est ce qu'il appelle « prendre la position de témoin[7] ». Plus vous vous y exercerez, plus vos gestes deviendront le reflet authentique de ce que vous êtes.

Cette pratique permet d'être en contact avec l'instant présent, de s'autoriser à regarder ce qui est là, de revenir à soi. Devenir conscient de ce qui dicte nos décisions, nos actions, ne plus laisser nos peurs, nos insécurités diriger notre existence, c'est ouvrir la porte à une sagesse profonde qui s'exprimera naturellement, d'abord envers soi, mais aussi avec les autres.

7. Ou « communication consciente ».

Puiser dans le pouvoir créateur de la vie, c'est vous donner la chance d'éprouver une joie profonde, d'abord celle de la libération et, ensuite, celle de l'expression juste de votre essence. La reconnaissance libère un courant fort et nourrissant qui vous manque terriblement dans votre quotidien. La gratitude et l'amour vous habitent déjà. Permettez-vous d'oublier un moment les blessures anciennes, les querelles, les projets, les choses à faire... Laissez votre cœur guérir, un pas à la fois.

EXERCICE

Exercer la présence

Je vous propose maintenant de mettre en pratique votre présence. Dès que possible, accordez-vous une pause de quinze minutes; fermez la porte de votre chambre ou de votre bureau, activez la fonction Silence de votre téléphone et, juste pour ce court instant, retirez-vous complètement.

Détendez-vous, prenez une inspiration bien sentie, puis déclarez à voix haute que vous appréciez la présence, l'attention, le professionnalisme, l'écoute d'une personne en particulier, ou de vous-même, comme vous le ressentez, selon l'élan qui est là. Manifestez-vous un peu de compassion et de gratitude, à l'abri de tous les tracas et obstacles du quotidien.

Nous avons bien des occasions de ne pas prêter attention à ce que nous vivons, tant sur le plan de notre véhicule – notre corps – que dans les situations de notre vie. Nous sommes trop occupés pour nous arrêter afin d'écouter et ainsi, tenter de comprendre. Tellement d'événements surviennent que les détours nous essoufflent et finissent par causer de réels problèmes de santé. Lorsque le corps commence à réagir, il est important de repérer l'intervalle et de s'attarder aux messages qu'il exprime.

L'EXPLORATEUR

L'Explorateur est un rôle que je vous propose d'emprunter. C'est un personnage aventureux qui part à la découverte d'un pays. Il est curieux, intrigué, il a décidé de ne pas se contenter de ce qu'il sait déjà. Il n'hésite donc pas à sortir du cadre habituel. Je vous propose de devenir l'acteur principal de votre transformation en faisant un choix conscient, en prononçant un OUI vibrant qui mène à l'ouverture d'un tout nouveau volet de réalisations personnelles. Au lieu d'ignorer continuellement les messages de votre espace intérieur, partons à la découverte de ce qui est encodé dans notre corps, un peu comme le ferait… un explorateur.

Activer l'Explorateur, c'est se donner la chance d'aborder l'expérience de la vie dans toute sa richesse.

Le fonctionnement de l'Explorateur

On a parfois l'impression qu'on n'est plus tout à fait en contact avec soi-même et que la vie n'a plus de sens. Le brouillage peut être intense… Les maux, symboles d'anciennes blessures, nous traversent comme un éclair ou bien s'installent plus longtemps. Au gré des épreuves, nous touchons à la peine et à la souffrance. L'Explorateur a pour but d'établir un dialogue conscient avec le corps et lui donner l'occasion de s'exprimer.

La prémisse de cet exercice, c'est que le corps renferme tous les messages nécessaires à sa compréhension et à sa guérison. Il fait en sorte que vous puissiez toucher à ce qui est inconfortable sur le plan physique. Les sensations que vous vivez cherchent à attirer votre attention et peuvent vous en dire long sur ce qui ne va pas.

Choisir le moment propice à l'exploration

Vous en êtes à vous demander ce qui cloche au juste. Vous avez envie d'effectuer des changements dans vos habitudes. Vous aimeriez bien essayer quelque chose de nouveau et prendre en charge votre bonheur.

Voici la liste de quelques actions-clés qui vous aideront à orienter votre Explorateur. Mettez-la bien en évidence, et prenez le temps d'y poser les yeux chaque jour :

- Entourez-vous de gens qui vous aiment réellement.
- Demandez-leur de vous rappeler ce que vous leur avez dit concernant votre nouvelle voie, vos besoins, etc.
- Évitez à tout prix : les bouffeurs d'énergie, les pessimistes, les compétiteurs de naissance, et aussi les événements que vous détestez (faites la liste de ce que vous ne voulez plus).
- Refusez les propositions qui ne vous disent rien.

- Prenez le temps d'écouter les pensées et les sensations qui vous nuisent, et celles qui vous aident.
- Et, surtout, définissez ce que vous voulez VRAIMENT dans votre vie :
  - en ce qui concerne les relations humaines ;
  - sur le plan intellectuel ;
  - dans votre vie personnelle ;
  - spirituellement :
  - financièrement.

Cherchons maintenant ensemble quelle sera la prochaine porte à s'ouvrir. Calmons notre esprit pour laisser libre cours à ce qui habite notre espace intérieur. Faisons confiance encore et sans faillir. Portés par ce désir profond d'être plus fidèles à notre essence, nous pouvons peut-être le ressentir dans notre ventre, dans notre tête ou dans nos épaules. Ces maux nous parlent de nos peines, de nos frustrations et de nos manques. La présence de l'Explorateur saura bien nous aider à trouver le chemin vers la plénitude.

Quelques trucs pour vous guider dans l'exploration consciente :

- Je ferme les yeux, je prends deux ou trois respirations.
- Je dirige mon attention à l'intérieur de mon corps.
- Je fais abstraction de tout ce qui se passe autour.
- Je fais taire mes pensées.
- Je prends le temps de sonder mon espace intérieur.
- Je reste en contact avec moi, aussi longtemps que j'en ai besoin.

Questions utiles pour votre exploration :

- Comment est mon corps ?
- Comment est-ce que je me sens ?
- Est-ce que des parties de mon corps attirent mon attention ?
- Quelles sont les parties qui sont en harmonie ?
- Qu'est-ce qui est inconfortable ?
- Est-ce que je peux mettre UN mot sur ce qui se passe en moi ?

Les bienfaits de l'Explorateur

L'Explorateur vous apportera un plus grand bien-être intérieur, moins de stress, plus de calme, des relations personnelles plus riches, ouvertes, détendues, de la satisfaction, de l'apaisement, une sensation d'équilibre. C'est ainsi que vous retrouverez l'énergie et la vitalité, garantes d'une vie satisfaisante.

UNE AIDE PRÉCIEUSE : L'EFFET MIROIR

Des personnes magnifiques sont passées dans notre vie pour nous aider, mais jusqu'ici nous n'avons pas compris. Nous les avons peut-être même perçues comme des profiteurs ou des imposteurs, des ennemis à combattre ! La dualité est omniprésente dans notre vie et nous ne savons plus à qui nous fier. Pas surprenant, nos repères étaient tous extérieurs ! Afin de continuer à bien nous connaître, puis à utiliser les mécanismes que nous avons découverts ensemble, nous combinerons l'Explorateur et l'effet boomerang pour effectuer l'exercice du miroir.

Le jeu du miroir vous aidera à faire le bilan de votre évolution personnelle et vous apprendra ce que vous êtes devenu aujourd'hui. De même, il vous apportera une indication pertinente de vos mauvaises habitudes et de certains changements qui vous seraient bénéfiques.

EXERCICE

Les quatre étapes de l'exercice du miroir

1. Première étape – Repérer

Choisissez de quatre à sept personnes de votre entourage immédiat.

Si vous ne connaissez pas suffisamment de gens, complétez la liste en y ajoutant les noms de personnes qui vous inspirent ou qui vous ont touché précédemment. Il peut s'agir d'un auteur, d'un tuteur, d'une tante décédée, d'un voisin, d'une connaissance lointaine, etc.

2. Deuxième étape – Délimiter le cadre

Au centre d'une feuille, dessinez un cercle assez grand et écrivez le mot « MOI » à l'intérieur. Tout autour, tracez de quatre à sept cercles, selon le nombre de personnes que vous aurez sélectionnées.

Dans chaque cercle, inscrivez deux qualités et deux défauts pour chacune de ces personnes.

Ex. : Maude : créative, minutieuse/agaçante, pointilleuse.

3. Troisième étape – Observer

Portez attention aux mots que vous avez utilisés pour décrire chacune des personnes.

Sur une autre feuille, inscrivez chacun de ces mots choisis et décrivez en quoi cette qualité/ce défaut se rapporte à vous.

Ex: Créatif: j'aime créer et dessiner, j'ai toujours un crayon à la main.

Agaçant: je fais trop souvent preuve d'entêtement pour avoir ce que je désire.

4. Quatrième étape – Comprendre

Dans le cercle du centre, inscrivez deux de vos qualités et deux de vos défauts.

Est-ce que ces mots se retrouvent dans l'espace autour, parmi les qualités et les défauts des personnes que vous avez nommées ?

Ce que vous apporte l'effet miroir

Pour cet exercice, nous n'avons utilisé que deux qualités et deux défauts. Vous pouvez le faire exploser en autant de facettes que vous le souhaitez. Par exemple, vous pouvez l'appliquer à la famille, au travail, à un groupe d'activité sportive, ou tout simplement à votre sphère personnelle. Les personnes autour de vous agissent comme des miroirs ; c'est donc une bonne façon de prendre le pouls de votre personnalité, de vos habitudes, de vos écueils. Elles vous donneront, par l'entremise de cet exercice, un aperçu de vos forces et des attitudes qu'il serait bon que vous acceptiez de modifier. Le jeu du miroir vous laisse entrevoir qu'il est possible à tout moment de savoir où vous en êtes dans votre cheminement.

Je vous suggère de refaire l'exercice du miroir tous les cinq ou six mois. Vous verrez que les mots utilisés pour décrire les gens autour de vous et les personnes que vous choisirez pour prendre votre pouls changeront. Après ces quelques mois...

- Vous connaîtrez mieux les personnes qui vous entourent.
- Vous comprendrez mieux qu'elles reflètent une partie de vous qui a besoin de votre attention.
- Vos fréquentations auront changé au gré de votre évolution.
- Vous deviendrez plus apte à repérer ce que vous avez à travailler pour vous-même et avec chacune d'elles.

Les avantages de l'effet miroir :

- Vous vous montrerez plus compréhensif envers les autres.
- Vous serez plus souple envers vous-même.
- Vous développerez plus rapidement votre Explorateur.
- Vous aurez conscience que votre environnement est une représentation de ce que vous êtes et pourrez commencer à y apporter des changements.
- Vous n'attendrez plus que l'environnement soit conforme à vos attentes !

Les relations interpersonnelles sont une véritable richesse pour qui sait les apprécier !

LES SYNCHRONISMES

Des gens m'ont raconté leur histoire ; dans chacune se trouve un peu de sagesse, un enseignement teinté d'émotions. Me transportant dans un espace qui n'a pas de déroulement prévisible, ces instants sont une occasion d'apprendre sur moi, sur l'autre et sur la vie. Chaque fois, je sens que quelque chose de magique est sur le point de se produire. Mon intuition me chuchote d'être attentive à ce qui va se passer ; l'intervalle est apparu. Un peu comme un courant de fond dans l'océan, un mouvement subtil s'amorce. Je me sens en accord avec mon environnement, il n'y a plus d'effort à faire, ni rien à désirer, tout est là. J'observe les événements, j'entends les paroles, et je comprends que ce qui se déroule devant moi, autour de moi, c'est la vie à l'état pur.

Toute question peut trouver une réponse n'importe quand ; il me suffit d'être à l'écoute de ce qui se passe réellement. La confirmation d'un choix peut me parvenir par l'entremise d'un parfait inconnu. Je choisis intentionnellement, non pas de ne rien faire, mais plutôt de cueillir ce qui est là, sans effort. Mon degré de présence me dispose à la compréhension des synchronismes, de la raison qui fait qu'une chose arrive avant une autre, et à tout bonnement faire confiance. Surtout, ne rien forcer : observer, comprendre, jouer avec les données brutes ; bref, m'adapter.

Vous apercevoir que votre transformation est enclenchée vous permettra d'installer tout changement majeur d'attitude en toute conscience, ce qui vous apportera une plus grande liberté. Votre état intérieur se calmera, l'effet boomerang s'amenuisera et vous serez capable de laisser vos goûts évoluer, vos réactions se modifier, et de mettre de côté ces croyances qui ne vous servent plus, ou même d'envisager une autre carrière ! Vous abandonnerez des habitudes qui ne vous apportent plus rien. Vous ferez de nouvelles rencontres qui vous stimuleront. Ces ouvertures surviendront naturellement. Votre processus d'harmonisation personnel aura une influence positive sur les gens autour de vous, et vous serez plus souriant !

APPRENDRE ET UTILISER L'INTUITION

L'intuition n'est pas une sensation définie d'avance. Elle se développe tout d'abord quand on observe qu'il y a un point où il ne se passe rien ; en physique, ce moment est appelé « inertie », ou, comme nous en avons parlé au chapitre 7, l'intervalle. Il est parfois imperceptible, mais il existe toujours. Avec le temps, on apprend à lui donner de l'importance et cet instant devient un moment privilégié durant lequel l'intuition peut émerger.

À bien y penser, vos journées sont remplies de messages que vous percevez lorsque vous êtes totalement présent. Vous avez rendez-vous avec quelqu'un, vous ressentez une chaleur réconfortante en sa présence, cela vous fait penser à une autre personne que vous aimiez beaucoup, c'est justement son anniversaire aujourd'hui. En route pour un rendez-vous, vous êtes forcé de vous arrêter ou de ralentir ; vous avez une crevaison, ou bien vous rencontrez quelqu'un que vous n'avez pas vu depuis longtemps, vous vous perdez en chemin, vous oubliez quelque chose à la maison et devez y retourner… Combien d'expériences de ce genre avez-vous déjà connues ?

Sachez que l'intuition est un état ; **ce n'est pas un événement**. C'est une façon de laisser la vie prendre soin de vous. Ne forcez pas les choses, n'essayez pas de dépasser la file de voitures, laissez-vous guider, observez qui se trouve à vos côtés… Avez-vous oublié de faire ou de dire quelque chose d'important à quelqu'un[8] ? Respirez, détendez-vous et ouvrez-vous à cette pause dans le temps, afin que l'intuition puisse vous livrer le message qui rendra votre vie plus fluide.

L'intuition se présente comme un point de bascule, une pause, un espace de disponibilité. **Elle est à votre service :**

- Détachez-vous de vos attentes et de toute demande.
- Détendez-vous et observez sans chercher à vous impliquer.
- Lâchez prise complètement sur les résultats et les scénarios.
- Tournez votre attention vers les sensations de votre corps, vers ce que vos cellules enregistrent.
- Pratiquez l'Observateur ; cela fera grandir rapidement votre capacité intuitive, de même que votre degré de réceptivité.

8. J'invite le lecteur à lire deux ouvrages symboliques qui l'aideront à activer l'intuition : *L'Alchimiste* de P. Coelho, et *La prophétie des Andes* de J. Redfield.

Ce qui peut empêcher l'intuition de s'activer

Parmi les courts-circuits de l'intuition, il y a les pensées, les habitudes et les émotions. Celles-ci viennent bloquer l'expérience de la réalité, qui alors se trouve voilée par nos perceptions. En effet, notre esprit peut avoir tendance à prendre beaucoup de place. Bref, vous n'êtes pas disponible, vous refusez cette sensation nouvelle ; vous la fuyez, même (voir chapitre 4, « Les mécanismes de défense »). Ensuite, vous vous mettez à croire votre mental qui vous dit que ce petit laps de temps, qui ne cadre pas avec vos prévisions, ne valait pas la peine que vous vous y arrêtiez !

Afin de pouvoir activer l'intuition, vous devez prendre conscience de votre environnement immédiat. En constatant que le trop-plein de vos pensées vous empêche d'être disponible, vous limitez également l'effet d'entraînement de l'élastique qui vous porte à divaguer vers des futurs inexistants, et vous pouvez ainsi revenir à vos sensations physiques.

Une fois cette état de disponibilité expérimenté, d'autres ressentis viendront plus facilement, tels que le plaisir d'être là et l'impression de mieux connecter avec ce qui vous entoure. Vous percevrez plus facilement les intentions des gens autour de vous, par exemple la présence de quelqu'un qui vous veut du tort, le malaise physique provoqué par une situation qui vous déplaît, une sensation que quelque chose ne va pas. De plus, vous aurez une influence grandissante sur les émotions négatives. En revenant à vous, vous aurez le pouvoir d'établir votre propre équilibre intérieur. Vous vivrez des moments qui vous permettront de renouer avec cette partie de vous qui sait ce qu'est la joie, et qui sait comment trouver le bonheur.

LE GRAND CONSEILLER

Lorsque vous vous exercez à faire de nouveaux choix, votre corps vous fourni de nombreuses informations. Il peut dorénavant vous apprendre à vous faire totalement confiance. En effet, lorsque vous n'écoutez pas les messages qu'il vous envoie, votre maître intérieur, la sagesse de votre propre conscience, enclenche un système de réponses physiques visant à sonner l'alarme sur un déséquilibre ou un besoin insatisfait. Dans un langage plus classique, le mot « intuition » est souvent utilisé pour désigner ce système d'interprétation des messages de votre corps, qui capte les mouvements invisibles constituant la réalité. Ces sensations sont un peu comme une carte de référence, un guide conscient, ou ce que j'appelle le « Grand Conseiller ».

À l'aide de l'introspection, le Grand Conseiller vous aide à évaluer, à comprendre une situation en fonction de vos perceptions. Certes, le nettoyage demande un effort. Chemin faisant, vous remarquerez comment votre éducation a orienté le cours des choses et que chaque événement a eu un impact plus ou moins important dans votre vie.

Tout à coup, chacune de vos cellules se met à collaborer pour faire de vous un meilleur véhicule, un outil performant en matière décisionnelle, un outil fonctionnel et fiable ! VOTRE système de référence ne ressemble à aucun autre. Vous ne pourrez pas vous fier à une réponse trouvée dans un manuel, ni aux réactions de quelqu'un d'autre pour interpréter ce qui vous arrive. À l'avenir, votre Grand Conseiller pourra vous aider à valider ou à invalider les choix que vous ferez.

À quoi devez-vous vous attendre ?

La transformation produit un dégagement graduel de vos pensées, de même qu'un nettoyage de vos mécanismes de blocage. Jusqu'à aujourd'hui, ceux-ci ont fait en sorte que votre réalité a été voilée ; des pans entiers sont demeurés inaccessibles. Pourtant, votre corps exprime des espaces sensoriels et énergétiques qui ne sont pas tous écoutés. Il porte aussi la trace d'expériences inventées de toutes pièces, dont vous avez hérité par l'entremise des modèles communs enseignés[9], et qui, en fait, n'existent pas dans la réalité. Ce ne sont que des souvenirs émotionnels imprégnés dans votre chair.

Les inconforts que vous vivez sont parfois aussi furtifs qu'un nuage dans le ciel. Souvenez-vous qu'engager le combat n'est pas obligatoire. Chercher du sens en tentant de remuer le passé ne fait que ralentir l'ouverture de vos ailes ! Cette position d'affrontement n'est pas souhaitable, et le fait de lâcher prise apporte plutôt une sensation d'apaisement. Dorénavant, lorsque vous choisirez de prendre une position différente, ces expériences appartiendront au passé. Vous pouvez laisser aller complètement l'événement dans la vacuité de l'Univers, car, de toute façon, vous n'y pouvez plus rien. Voici deux situations à titre d'exemples :

Le message physique : Vous avez mal au bas du dos ?

La situation : Étiez-vous sur le point de prendre une décision qui vous met mal à l'aise ?

Exploration : Qu'est-ce que votre corps essaie de vous dire ?

9. Les modèles en mode « copier-coller » (voir chapitre 4).

> **Le message physique :** Vous avez une migraine persistante au moment où vous refaites votre budget.
>
> **La situation :** C'est la quatrième fois que vous le refaites, et vous aimeriez bien trouver une solution…
>
> **Exploration :** Écoutez le message que vous envoie cette partie de votre corps, et reposez-vous un moment. Êtes-vous dans la dualité ? Par quel autre effort croyez-vous pouvoir résoudre ce problème, alors que vous êtes épuisé ?

Les plus beaux messages du monde habitent votre corps et vous disent pourquoi vous êtes ici. Ne cherchez plus ailleurs, les réponses sont en vous. Afin de comprendre la signification des messages corporels, placez-vous dans la peau de l'Explorateur, faites une pause et observez attentivement. Aucune encyclopédie ne vous fournira de réponses, car l'ouvrage de référence qui vous indiquera précisément ce que pourraient receler vos maux physiques ne sera jamais assez précis ; ces réponses vous appartiennent complètement. Je vous vois déjà en train de chercher un manuel des maux et maladies… Qui ne le ferait pas ? Sachez que ces ouvrages sont une compilation de tout ce qui a été rapporté dans d'autres livres sur le même sujet, par des gens qui se sont interrogés, comme vous, sur la signification de leurs malaises. Ces derniers vous parlent de façon codée, c'est certain. Leurs messages vous indiquent une dissonance importante dans votre façon d'aborder les choses. Mais leur sens vous est propre, personne ne peut les décoder à votre place.

Au lieu de chercher à éviter ou à fuir ces inconforts, je vous propose de vous concentrer sur le développement de votre intuition, sur l'activation de l'Explorateur, de vous fier à votre Grand Conseiller, à votre propre capacité à interpréter ces messages. Ainsi surgira une panoplie d'expériences, plus vivantes les unes que les autres, qui vous apprendront non seulement qu'il est important de respecter l'intelligence de votre espace physique et de ses manifestations, mais également que vous pouvez lui faire confiance.

Quelle est cette image forte qui vous parle tout au creux de vos entrailles, cette sensation d'être transporté sans aucun effort ? Quel est ce sentiment plus intense que la passion, qui vous fait vibrer complètement ? Cette sensation de chaleur vous comble de l'intérieur et vous indique que vous êtes sur la bonne voie ! Cherchez au fond de vous la pulsion de vie. Surtout, ne laissez pas votre mental intervenir, car il pourrait bien tenter de vous détourner de vos nouveaux objectifs.

Prenez le temps de ressentir quelle est la prochaine porte qui doit s'ouvrir. Faites confiance à votre intuition.

Texte d'intégration : S'ouvrir au moment présent, c'est découvrir la beauté

Quand j'ouvre grand les yeux sur un paysage que je connais déjà, je peux le trouver tout neuf. Cette manifestation sublime est décelable dans chaque nouvelle journée, chaque instant, en dehors des déformations générées artificiellement. Une chaleur m'inonde alors que je découvre tant d'intelligence et de sensibilité dans tout ce qui m'entoure. Les vibrations subtiles façonnent dorénavant mon quotidien avec tant de délicatesse que des paroles, des moments, des visages reflètent cette lumière si fine et si riche, en faisant des moments savoureux, ouverts, librement offerts, tout autant d'occasions m'invitant à habiter MA vie. Je reçois ces immenses cadeaux comme des vagues de tendresse. Ces moments me touchent, profondément; l'apothéose d'une vie, je l'atteins aujourd'hui. Je comprends maintenant ce qu'est le privilège de réverbérer cette joie intense. Aussi je ne compte pas la décevoir, et j'accepte de laisser derrière moi toute embûche et toute négativité, où que je la rencontre et de quelque façon qu'elle se présente.

Peut-être avons-nous oublié que la Vie nous a été donnée... qu'elle a débuté par un geste d'ouverture et de célébration de nos parents, l'un envers l'autre, dans l'amour et l'espoir d'un moment. C'est ce que nous pouvons honorer par notre présence maintenant, et qui ne se représentera plus jamais de la même façon. L'unicité et la force de ce don nous ont créés, comme elles créent également chaque instant que nous choisissons intentionnellement de vivre en célébrant le moment de notre conception. Le jour de notre naissance est un immense privilège. Accueillons-le, offrons le meilleur de nous-mêmes et, surtout, ne baissons jamais les bras devant la tristesse, la colère et l'isolement. Le combat n'est qu'une facette de notre vie, et non sa seule manifestation. Nous pouvons nous transformer en un danseur agile, qui, au gré du vent, exprime sa vitalité et sa joie !

Nous avons de nombreux choix; le premier est celui d'accueillir cette fibre vivante qui nous anime et nous offre de nombreuses occasions de devenir meilleurs, d'avoir un accès illimité à cette abondance magique qui est déjà là, que nous nommons la « Vie ». La vie n'est pas qu'une succession d'émotions, car celles-ci peuvent nous induire en erreur.

TROISIÈME SECTION

Le pouvoir des émotions

Chapitre 9

L'ÉCHELLE DES ÉMOTIONS

Nous avons appris à laisser beaucoup de place aux émotions. On leur a même donné le rôle d'évaluer notre niveau de bonheur ! Elles guident nos gestes et nos décisions. Nous leur avons attribué une valeur forte, tantôt positive, tantôt négative. Ainsi, les expériences répétées avec des émotions positives deviennent la preuve d'une vie agréable et satisfaisante. En exprimant ces dernières, nous affirmons que nous avons une vie équilibrée. Il en va de même pour les expériences que nous aimerions éviter, transformer ou, du moins, remplacer par des occasions de vivre le bon côté des choses.

Toutefois, il est important de comprendre que nos émotions ne sont pas directement liées à la réalité. En fait, il n'y a aucun lien entre elles et les événements que nous vivons. Elles sont plutôt générées par nos perceptions et par nos divers conditionnements.

Lorsque le quotidien est formé d'habitudes rassemblées en cycles, il se peut qu'une rassurante sensation de confort et de sécurité fasse son apparition. Mais rarement pourrons-nous dire que cela ressemble au bonheur. Des émotions réjouissantes viendront peut-être colorer le tableau général. Toutefois, l'inconfort psychologique, la fatigue et le brouillard qui refait surface de temps à autre n'ont rien de rassurant. Malgré nos tentatives de nous évader artificiellement, de camoufler notre inconfort, nous pouvons sentir que quelque chose ne va pas.

Si l'on y réfléchit bien, rien n'est plus absurde que d'essayer de tendre au bonheur en menant une vie intense et en multipliant les occasions d'éprouver des émotions positives. Cela reviendrait à faire du bonheur l'un des dogmes de la productivité, et à affirmer qu'on peut l'atteindre par l'hyperoccupation et la surconsommation ! Voyons ensemble ce qui entretient le cercle vicieux du remplissage émotionnel.

QUAND ON DONNE AUX ÉMOTIONS UNE VALEUR DE VÉRITÉ

À partir du moment où nous les considérons comme une expression de notre qualité de vie, nous donnons aux émotions une valeur de vérité. De ce fait, plus nous ressentons, plus nous avons l'impression d'être bien vivant, n'est-ce pas ? L'importance que nous accordons aux événements et à notre histoire personnelle augmente l'emprise des émotions sur nous. Dans le contexte habituel et monotone de la sécurité quotidienne, l'esprit recherche les moments d'excitation et en redemande inlassablement. Nous nous sentons emportés par des vagues successives, troublantes, perdant pied sous l'effet d'un courant qui semble s'intensifier de jour en jour.

Pour vous mettre en contexte, il m'apparaît important de distinguer les émotions qui sont autogénérées, naissant sans avertissement et parfois même sans raison apparente, de celles qui sont provoquées.

Nous comprenons aisément que les émotions que nous ressentons dépendent de notre disponibilité et de notre ouverture. Lorsque nous sommes seuls, un souvenir ou une expérience passée qui refait surface vient ranimer tout à coup une parcelle de vitalité. J'aime bien comparer cela à l'une des nombreuses vagues qui mouvementent notre quotidien. Bien que les émotions ne soient pas toutes positives, nous comprenons instinctivement qu'elles ne seront que de passage.

La complexité liée aux émotions provient du fait qu'elles n'ont pas d'ancrage dans la réalité, qu'elles sont un « produit chimique » du cerveau et qu'elles témoignent de l'expérience du corps dans l'espace. D'emblée, nous sommes incapables de les distinguer de notre état intérieur ; nous confondons les deux aspects tout naturellement. Elles ne peuvent donc pas être considérées comme un baromètre fidèle de l'importance d'un événement, de la qualité d'une réaction, ni même de la valeur d'une personne à nos yeux.

Nous avons tous expérimenté le trouble émotionnel lié au comportement d'une autre personne. En voici un exemple :

> L'autre jour, une de mes collègues de travail a commencé une ronde d'appels particulièrement intense pour joindre son conjoint. Alors qu'elle se trouvait « impuissante » au travail, elle s'est persuadée que son conjoint, de son côté, avait oublié la partie de hockey de leur fils. Elle lui a donc téléphoné à six reprises en l'espace de sept ou huit minutes, laissant des messages de plus en plus impatients et de plus en plus angoissés, exigeant avec force et véhémence qu'il la rappelle ; c'était la panique ! À un moment donné,

elle a dit tout haut : « C'est sa faute si je suis dans cet état ; s'il me répondait, aussi ! »

La situation qu'elle a imaginée a créé des émotions liées à une crainte qui lui appartenait entièrement. En réaction à un tout autre événement, son mental a généré à son insu cette situation de panique. Ses réactions se sont produites à partir de son expérience personnelle, et non de la réalité. Dans son esprit, elle devait à tout prix remplir cette obligation (joindre son conjoint), sous peine de subir une conséquence néfaste.

Dans les faits, son conjoint vaquait à ses occupations de la journée avec ses enfants, et il était loin de se douter qu'une situation dramatique était en train de naître à l'autre bout du fil ! Cet événement n'existait tout simplement pas pour lui. Il lui était tout à fait impossible de comprendre ce qui se passait ! Aussi trouva-t-il le comportement de sa conjointe complètement démesuré...

Pour arriver à cet état de panique, le cerveau de cette femme a dû interpréter une situation comme une réplique de quelque chose ayant jadis provoqué une réaction similaire. Il aurait été important qu'elle profite de l'intervalle pour prendre du recul avant d'effectuer ces appels répétés. Elle se serait aperçue que son sentiment de panique était calqué sur un événement provenant d'un souvenir.

Le schéma personnel et le vécu sont différents pour chacun ; il est donc peu probable que les mêmes événements provoquent les mêmes émotions chez deux personnes. Nous présumons à tort que les émotions sont partagées par des personnes qui sont témoins de la même scène, ou qui y sont liées par extrapolation. Mais y a-t-il réellement un événement à leur source ? Nous avons peu de chances de trouver, à l'extérieur de notre organisme, une cause logique au ressenti d'une émotion. Au fil des jours, nous subissons les manifestations physiques de toute une gamme d'émotions qui n'ont rien à voir avec la réalité ! À moins de prendre le recul nécessaire pour comprendre l'amorce de cette situation, elle peut rester longtemps dans l'inconscient. C'est tellement vrai que, sur le coup, nous sommes incapables d'identifier clairement ce que nous vivons, ou même de réaliser que l'événement n'est qu'une étincelle allumant un éclair de nature émotionnelle.

LA PRODUCTION ARTIFICIELLE D'ÉMOTIONS

Bombardé d'occasions de divertissement et de tâches à accomplir, notre organisme est tellement stimulé que nous sommes incapables de revenir à un état serein. L'abondance de sujets médiatisés provoquant des émotions intenses inhibe notre vraie nature, nous désensibilise. Cette surstimulation entraîne une perte de contact avec nos propres ressentis, nous empêche d'apprécier notre vie et rend la réalité de plus en plus confuse. Ces émotions sont pour ainsi dire fabriquées artificiellement par les véhicules sociaux et différentes organisations. Elles bloquent notre capacité à percevoir la réalité et endorment notre vigilance lorsque vient le moment de percevoir les vrais enjeux. Parmi ces émotions négatives, les plus courantes et les plus fortes sont certainement la peur et la colère.

Par exemple, au cinéma, on remarque que l'affiche présente unilatéralement des films à caractère violent, sous la rubrique « Action ». À ce titre, je m'interroge également : leur popularité n'est-elle pas justement due au manque de satisfaction généralisée que nous éprouvons ? Visionner de telles scènes a pour effet que les situations de détresse et de violence qui se produisent dans notre sphère personnelle sont banalisées et passent à peu près inaperçues. Le taux d'agressivité auquel nous sommes exposés réduit notre impulsion à y réagir ; pétrifiés par la peur, nous osons à peine bouger. Notre imaginaire a tôt fait de nous faire craindre que la situation se produise dans la réalité. Alors, nous laissons faire, parfois en nous disant que cela va passer ! Nous devenons des spectateurs figés devant la souffrance évidente de personnes qui vivent dans notre quartier, parfois même dans notre école, dans notre équipe de travail ou dans notre maison. Nous ne savons plus reconnaître les signes de détresse d'un individu !

Laissez-moi vous proposer trois petits exercices à faire seul ou en groupe, bien installés devant la télévision.

PREMIER EXERCICE

Constater l'insensibilisation aux émotions

1. Prenez n'importe laquelle des émissions populaires d'une chaîne de télévision locale. Tout au long de l'émission, demandez à chacun (en famille, impliquez aussi les enfants) de nommer et de noter toutes les émotions observées, l'une à la suite de l'autre.

2. Dénombrez (en famille, faites-le entre parents) les comportements stéréotypés qui y sont véhiculés (ex. : c'est la femme qui fait le ménage, c'est l'homme qui racle le terrain, etc.).

3. Que constatez-vous après cet exercice ? Combien de fois la peur, la colère, la contrariété, la tristesse, l'excitation, le rire ont-ils été répertoriés ?
4. Comment vous sentez-vous ?

DEUXIÈME EXERCICE

Refaites l'exercice précédent, cette fois avec une émission de télévision américaine. Y a-t-il des différences notables ?

Après un exercice comme celui-là, un constat s'impose : au cours d'une émission de quarante minutes (en dehors des pauses publicitaires), on pourra aisément dénombrer entre vingt et quarante émotions, répétées afin de créer un renforcement. Vous verrez qu'elles sont enfilées très rapidement, dans un laps de temps assez court. Je vous mets au défi de ne pas vous sentir perdu ! On nous bombarde constamment d'un maximum d'émotions.

Réflexion :

- Quels sont les comportements qui vous semblent le plus éloignés de votre réalité ?
- Quelles sont les principales différences ?
- Comment vos enfants réagissent-ils ?
- Pensez-vous qu'ils ont tendance à copier ces réactions dans leur vie ?

Comment les médias endorment la vigilance du public

Sur le plan de la programmation neurologique, les émotions n'agissent pas en solo. Comme nous l'avons vu dans le chapitre sur le réflexe de l'automate (p. 39), le problème est qu'elles se répètent en boucle. Elles sont présentées dans les médias selon un format uniforme et prédigéré, facilement assimilable par l'auditoire moyen. Dans le tableau général qui se dessine ainsi, on passe continuellement sous silence des renseignements utiles, et on modifie notre qualité de vie en changeant notre appréciation de la réalité de même qu'en brouillant notre esprit. Au bout du compte, la répétition des mêmes contenus transforme une séance d'information ou un moment de détente en un lavage de cerveau, affectant l'acuité de notre perception. À force de répéter le même message et de **produire** des émotions, les médias se font complices d'un point de vue unique et préfabriqué.

À ce sujet, je vous invite à consulter, ne serait-ce que quinze minutes par jour, d'autres sources d'informations afin de constater tout ce qui peut vous être caché et qui compose le tableau global.

EXERCICE

La perception de l'information

Soir 1 : Asseyez-vous devant un journal télévisé régional.

1. Notez les sujets présentés.
2. Notez combien de fois les mots « violence », « attentat », « meurtre », « mort », « victime », « guerre » et « complot », par exemple, sont prononcés ou suggérés par des images.

Soir 2 : Asseyez-vous devant un journal télévisé d'une chaîne différente, puis refaites l'exercice précédent.

1. Que constatez-vous après cet exercice ?
2. Quelles sont les principales différences ?
3. Qu'auriez-vous aimé savoir et qui n'a pas été présenté ?

Il y a plus de quatre-vingts pour cent de chances que les deux émissions présentent les mêmes informations, à peu près dans le même ordre, avec les mêmes faits saillants. Nous sommes victimes d'un « copier-coller » sur grand écran ! On vous dicte ce que vous devez savoir. Évidemment, on mise sur le fait que votre horaire surchargé ainsi que vos tâches et responsabilités ne vous laisseront ni la chance ni le temps d'aller voir ailleurs tout ce qui n'a pas été dit. Ou encore (et surtout !) de consulter d'autres diffuseurs. Votre temps est compté, et vous n'avez d'autre choix que de vous fier à ce qui est présenté.

En répétant cet exercice à quelques reprises, vous constaterez que tout ce qui pourrait vous sortir de l'inertie et du *statu quo*, tout ce qui pourrait remettre en question les modèles présentés, est pour ainsi dire éliminé. Votre intelligence naturelle vous fera pourtant bientôt douter de la véracité de ce qui vous est présenté. Beaucoup d'informations sont passées sous silence dans le but d'éviter de perturber l'ordre actuel des choses.

Même s'ils sont présentés aux informations, les événements dramatiques qui ont lieu dans le monde se trouvent banalisés du fait qu'ils sont encapsulés. C'est ainsi que la violence, les statistiques de mortalité, les bombardements, les désastres naturels prennent des airs décoratifs. Plus vous en entendez parler, moins vous prenez conscience de leur portée réelle.

Chapitre 10

LA MANIPULATION PAR LES ÉMOTIONS

LA MOTIVATION À L'AIDE DES ÉMOTIONS POSITIVES

Afin de vous fournir un simulacre de vie intense et satisfaisante, les acteurs sociaux mettent en scène les événements. Dans la vie ainsi scénarisée, ils vous montrent comment accéder à des émotions positives. Ils vous disent aussi que le fait de les ressentir est, en soi, un gage de plaisir et de succès. Vous remarquerez que la beauté est un critère de premier plan afin d'accéder aux sources de plaisir. Le plaisir est l'émotion la plus vendue et la plus recherchée, car elle est associée à l'expérience physique du bien-être. Puis vient le désir, sous toutes ses formes, de même que l'expérience de la satisfaction. Si toutes les conditions sont bien remplies, les barèmes sociaux vous indiquent même que vous devriez connaître le succès !

Dans différents milieux, comme celui du travail, les dirigeants se servent des mêmes techniques de manipulation émotive que les médias pour obtenir de vous des réponses à des conditionnements. Ces petites programmations nous submergent quotidiennement par le biais des « médias », aussi appelés « véhicules de *mass media* », qui se servent des émotions pour vous troubler, et pour stimuler votre tendance à atteindre la satisfaction et à vous faire plaisir. Le tourbillon de pensées que ces pressions produisent vous entraîne dans une recherche de moyens, entretenue par l'habitude de la consommation. Bien entendu, vous obtiendrez aussi de l'attention en retour, et ce manège insidieux continuera de nourrir votre grand besoin de reconnaissance et de valorisation, qui passe trop souvent par la recherche de la beauté.

La beauté

Tout dans notre société renvoie à la beauté, dont les normes sont créées artificiellement et renforcées par la répétition. Comme nos habitudes sociales vont de pair avec la consommation, la beauté est devenue une affaire strictement d'apparence. On vous jaugera selon votre habillement, on remarquera que vous avez de nouvelles chaussures, que votre présentation est attrayante, etc.

La beauté est un objectif à atteindre, à force d'efforts et de compromis. Certaines de nos activités, de nos « il faut que », visent à parfaire l'image que nous projetons ; à un point tel qu'un individu peut aisément en oublier ses priorités et s'endetter pour se conformer aux standards ambiants.

On nous vend également la notion suivante : le plaisir est directement lié à la beauté. Autrement dit, si vous n'êtes pas beau – c'est-à-dire conforme au modèle de beauté populaire –, vous êtes sans contredit moins désirable et, donc, plus malheureux que vos congénères. Les pressions environnantes en matière de beauté sont très présentes et peuvent créer des sources de tension dans votre vie.

Le plaisir et la satisfaction

Le plaisir est disponible sous plusieurs formes. Bien que le fait de relâcher la pression due aux rouages de la performance soit favorable, la recherche du plaisir peut nous entraîner encore plus loin dans l'illusion d'une vie satisfaisante. En réalité, les escapades temporaires auxquelles nous nous adonnons, le temps d'oublier les pressions reliées à la performance, sont vides de sens et ne mènent à rien. Nombre de commerçants nous vantent des occasions illimitées de plaisir, affirmant que celles-ci nous apporteront automatiquement la satisfaction que nous désirons. Ne vous méprenez pas : la recherche du plaisir n'a rien à voir avec la joie ou la paix intérieure, pas plus qu'avec le bonheur auquel nous aspirons tant.

Ces distractions multiples vous empêchent un peu plus chaque jour de rester en contact avec ce qui fait défaut dans votre vie. Elles vous maintiennent dans le labyrinthe de l'insatisfaction. Outre son effet stimulant et relaxant, le plaisir à court terme peut vous entraîner dans un mécanisme de remplissage[10]. L'illusion de satisfaction que procure le plaisir artificiel éloigne l'évidence qu'un besoin demeure inassouvi. L'ancrage du modèle à suivre est si fort que vous n'hésiterez pas à faire des sacrifices qui dépassent vos limites pour tenter d'éprouver ne serait-ce qu'un peu d'évasion quotidienne. Si vous vous y conformez, si vous agissez de la bonne façon et avez fait tout ce qu'il faut jusqu'à présent, en bon élève obéissant, vous avez gagné le droit de vous la procurer, cette évasion ; au pire, ce sera à crédit !

---

10. Voir les mécanismes de défense, chapitre 4.

Les distractions abondent : les spectacles à cent dollars le billet, les sorties au resto à deux cents dollars pour deux, les week-ends en ski ou les vacances à mille cinq cents dollars la semaine sont choses courantes. On change de voiture, on invite des gens à souper même si on est fatigué, on va voir un film, on va boire un verre, on cherche un amant ou une maîtresse pour s'envoyer en l'air deux fois plutôt qu'une, on calomnie le voisin, on part en croisière, on refait le monde... Nous sommes occupés à nous étourdir, à oublier que nous ne sommes pas heureux, nous n'avons plus le temps de laisser éclore la vraie plénitude tapie tout au fond de nous.

Tel est le lot d'un trop grand nombre de personnes aujourd'hui, tous statuts ou positions sociales confondus. Une fois que vous avez pris conscience que vous n'éprouvez pas de plaisir ou de satisfaction dans vos activités habituelles, que vous comprenez que vous ne vous sentez pas accompli dans votre vie, la priorité se trouve déplacée, et le chemin vers votre congruence personnelle[11] peut s'amorcer.

L'un des pas importants consiste à comprendre l'image que vous vous faites, personnellement, du succès. Bien souvent, elle est issue de stratégies qui sont loin d'avoir en vue l'objectif de favoriser votre bonheur.

Le désir

Depuis des millénaires, nous confondons désir, sexe et amour. L'un ne garantit pas l'autre, mais on veut bien continuer de le

11. La congruence personnelle est l'action de manifester ce que vous êtes, de façon à vivre conformément à vos valeurs et à vos aspirations. On dit d'une personne qui l'exerce qu'elle est congruente avec ses choix.

croire. Le désir n'est pas une simple émotion ! C'est l'apogée de toutes les sensations. Qui ne voudrait pas être l'objet du désir de quelqu'un ? Qui ne ferait pas les plus grandes acrobaties, ne s'adonnerait pas même au mensonge et à la tromperie pour être désiré ? Aussi, devenir l'objet du désir de quelqu'un, ou d'une entreprise dans laquelle on convoite un emploi, est un but d'une grande importance et vaut la peine qu'on s'y attarde.

Le désir nous tire de la monotonie quotidienne avec une force que nous associons, faussement d'ailleurs, à la sensation d'être plein de vie. Ce n'est pas pour rien que la stimulation du désir de l'autre est autant utilisée par les axes publicitaires ; aussi la met-on en scène, qu'il s'agisse de vendre la relation amoureuse idéale, un voyage, un balai ou une boisson gazeuse. L'envie est un outil promotionnel très lucratif !

Mouvement grâce auquel tout est possible, le désir est un élan magique qui nous porte au-delà de nos limites, une source de grandes réalisations tout comme de nouvelles aventures. Il nous pousse à devenir meilleurs, plus grands, à rêver aussi. Pourtant, sa perpétuelle quête peut nous faire passer à côté de beaucoup d'occasions de bonheur, en nous poussant à substituer le désir à la réalité. À force de vouloir plaire, nous pourrions tomber dans le piège des émotions négatives, et de leurs effets néfastes sur notre capacité à être heureux.

MANIPULATION PAR LES ÉMOTIONS NÉGATIVES

Les émotions négatives sont si présentes dans notre société qu'elles sont devenues une façon de communiquer. On accorde trop d'importance aux drames, et notre environnement en pâtit. Dans l'exercice sur les émotions générées par les médias, on a remarqué que celles-ci étaient assemblées en un scénario, qui à la fin produisait un effet désensibilisant. Résultat, si notre réalité ne correspond pas au modèle idéal, on a toute les raisons de se plaindre, de critiquer, de chercher un responsable, de se juger imparfait[12].

La provocation de la peur et les méthodes de contrôle du comportement humain appauvrissent nos conditions de vie en limitant notre pouvoir d'action, notre désir d'entraide et notre motivation de nous surpasser pour le bien collectif (non restreint à l'organisation). Dans ce modèle qu'on appelle la compétition, prendre plaisir à réussir au détriment du bien-être de la majorité et en rabaissant les personnes de notre entourage ne peut pas avoir d'effet positif à long terme. Chacun peut devenir un être responsable qui participe activement à l'abolissement des barrages érigés par les cadres réducteurs de notre potentiel, principaux obstacles à l'accomplissement individuel et social.

Cela implique faire des choix équilibrés, prendre conscience de nos besoins individuels, nous en occuper, dans le but de minimiser les répercussions indésirables, de désactiver l'effet boomerang et d'améliorer notre qualité de vie sous tous ses aspects. Identifier les émotions négatives utilisées communément, d'abord dans les comportements que nous reproduisons puis dans nos choix personnels, constitue un début de guérison qui touchera un jour, j'espère, nos organisations.

12. Ces comportements relèvent des notions de responsabilité (voir chapitre 7) et de l'attitude de performance (voir chapitre 3).

La critique et le jugement

Lorsque nous acceptons d'agir en fonction des réactions d'autrui, nous donnons à notre entourage la permission de faire des choix à notre place. J'attire votre attention sur ce qui suit : lorsque quelqu'un active ses peurs, il a tendance à créer un blocage en émettant soit une critique, soit un jugement. Le « filtre » constitué par ses peurs agit alors comme une forme de protection qui s'interpose entre sa capacité de perception et la réalité. Remarquez que, bien souvent, il n'en sera pas conscient, car ce filtre s'est construit au fur et à mesure de ses expériences personnelles.

La critique et le jugement peuvent aussi se cacher sous un conseil, sous un avis du type : « Je vais te dire ce que je pense… » ou encore : « Tu devrais faire… » Bien que l'intervention semble motivée par un désir d'aider, je vous invite à surveiller le glissement d'une position d'attention bienveillante vers la prise en charge de votre besoin. À moins d'être télépathe, il est impossible que cette personne sache exactement ce dont vous avez besoin, qu'elle connaisse vos objectifs de vie et vos souhaits profonds. Dès lors, accepter que son jugement ait de l'influence sur vos décisions, c'est remettre à cette personne le pouvoir de décider pour vous. L'effet est le même, puisqu'en décidant à votre place, elle bloquera votre créativité et votre autonomie. Vous risquez de modifier votre comportement en fonction de ses priorités et de ses croyances, et non des vôtres.

L'image du succès

Fort de l'idée d'accéder au succès, vous vous êtes conformé aux normes de beauté véhiculées socialement, puis, d'un mouvement tout naturel, vous êtes entré dans la ronde de la consommation de plaisirs et de divertissements. Le modèle prôné vous convainc aussi que vous avez maintenant droit à un succès retentissant ! Au retour de vos sorties, vous partagez avec vos collègues l'expérience de votre moment de plaisir ; vous obtenez ainsi de l'attention, et peut-être même de l'admiration.

Vous seul savez quels sont les coûts réels de la course à l'image qui continue de vous entraîner de plus en plus loin dans la fosse de la dette et de la vie empruntée. Les motivations qui vous poussent à rechercher le succès sont constituées de phrases toutes faites. Elles s'inspirent de l'effet que vous aimeriez produire sur votre entourage, sur votre objectif de reconnaissance et de pouvoir.

Prenons un exemple tiré d'une activité de travail :

Pour générer une attention positive de la part de mon patron, je dois adopter le code vestimentaire (tacite) de l'entreprise, sinon je risque d'être jugé non conforme aux règles adoptées par l'ensemble. Mon patron pourrait fort bien déduire que je n'ai pas l'étoffe nécessaire pour le poste que j'occupe (ou qui m'intéresse, dans le cas d'une promotion). L'image devient un critère de sélection, surpassant votre compétence. Vous remarquerez qu'il s'agit en fait de jugements, de critères aléatoires, fondés sur une perception de la réalité qui aurait dû être la vôtre, non vous être dictée. La pression liée à l'image du succès est bien réelle. L'autocritique se met alors en fonction :

- Qu'est-ce que (untel, unetelle) va penser si j'arrive au bureau comme ça ?
- As-tu vu les chaussures qu'il porte ? Elles sont (comme ci ou comme ça)...

- Il a bien besoin d'une coupe de cheveux, celui-là, et il ne s'est même pas rasé ce matin !
- Sa teinture fait vraiment pitié à voir, on dirait un produit de pharmacie.
- As-tu vu sa jupe ? Elle est toute froissée, j'espère qu'elle ne sortira pas de son bureau aujourd'hui !
- Il me faut absolument de nouveaux vêtements pour entrer dans cette entreprise...
- Ça ne se fait pas de venir au travail sans maquillage, quelle négligence...

Le succès se cache sous des dehors de conformité, en vous faisant croire que tout va bien pour vous tant que vous correspondez à cette image copiée-collée. Ces jugements ne reflètent nullement vos motivations individuelles. Nous savons fort bien qu'une personne ne correspondant pas à l'image souhaitée aura bien de la peine à se tailler une place ! Toutefois, les dirigeants ont le devoir d'appliquer une équité basée sur les compétences professionnelles requises... Or, la situation financière ou familiale, la santé, les impondérables de la vie sont des facteurs qui influencent nos décisions personnelles, et ceux-ci n'ont rien à voir avec nos compétences et notre intelligence. Bien entendu, plus vous tentez de vous conformer, plus vous vous éloignez de vos valeurs, de vos propres besoins, de votre authenticité, et plus vous augmentez votre charge financière.

L'échec et le deuil

Tous les deuils sont égaux, qu'il s'agisse de celui d'un proche, d'un projet, d'une relation amicale, professionnelle ou familiale, d'un animal de compagnie, d'une résidence, d'un pays ou d'une culture dans la réalité immigrante. C'est à ces moments-là que les sentiments dévastateurs, comme l'abandon, la peur, la tristesse, la solitude, la culpabilité et la honte, émergent. Oui, la honte de la dépression qui vient avec le deuil, celui d'être incapable de « fonctionner » pendant des mois, voire des années, à la suite d'une perte de ce genre.

Beaucoup d'ouvrages sur le deuil parlent d'acceptation, de laisser le temps faire son œuvre. J'aimerais ajouter que ce travail de guérison ne peut se faire seul, qu'il doit être accompagné de l'amour de ceux qui nous entourent. Laisser faire le temps ne sert qu'à protéger ceux qui ne peuvent faire face aux émotions du deuil. La vérité, c'est que, dans notre société de performance, personne ne veut de tristesse dans sa vie ; en effet, qui peut se résigner à accepter le désœuvrement qui accompagne le deuil et qui est à l'opposé du plaisir tant convoité ? Qu'il soit occasionné par la mort de quelqu'un, la fin d'une œuvre, la départ d'un collègue, la fermeture d'une usine ou une perte d'emploi, le résultat est le même, soit une grande solitude, un sentiment d'impuissance, qui entraîne une souffrance nous clouant sur place, dans un silence alourdi par la culpabilité d'avoir à le vivre.

Les personnes qui vivent un deuil se retrouvent trop souvent seules dans cette période marquée par une difficulté à répondre à leurs propres besoins. Elles sont livrées à elles-mêmes dans une société individualiste, intellectualisée, qui veut se protéger des soubresauts provenant de sentiments négatifs. Le processus de libération du deuil est bien difficile à accomplir lorsque ces émotions ne trouvent pas d'espace pour s'exprimer, quand l'individu ne trouve pas assez d'amour et d'accueil parmi ses pairs.

Notre environnement compétitif ne nous permet malheureusement pas le deuil ; celui-ci est improductif aux yeux de ceux qui n'en ont pas souffert ou l'ont escamoté ! Il occasionne des pertes de temps et d'argent, il atteint et diminue momentanément les capacités de ceux qui sont directement touchés, mais aussi des collègues proches, ceux qui compatissent vraiment.

Donner une place au deuil aujourd'hui, c'est déchaîner des émotions qui ralentissent la course aux profits. Bref, notre société n'a pas de temps à perdre avec le deuil. Aussi les entreprises bâclent-elles les processus de fin d'emploi à l'abri des regards, éliminant ou pensant éliminer toute incidence sur le reste de l'organisation. Car, sans le vouloir, nous avons touché à la partie la plus fragile de ce que nous sommes, celle-là même qui a peur de perdre, de mourir, de faillir, ou de sombrer. La société actuelle ne sait plus honorer les services rendus. La valeur d'un effort ne se mesure plus que par une transaction financière ou, dans les cas d'optimisation du travail, par une économie de temps. Les principes de rationalisation des profits font la loi. Nous avons perdu les notions de loyauté et de dignité que des relations tissées au fil des années peuvent apporter.

Je ne peux qu'encourager ceux qui savent que quelqu'un dans leur entourage vit un deuil, de quelque nature qu'il soit, à s'approcher et à lui offrir leur compassion, leur soutien. N'attendez pas que le regard se voile, que le cœur se fatigue, que la confiance s'effrite, et que la joie des autres devienne un irritant. Tentez de guérir cette blessure en vous soutenant mutuellement. Faites un pas dans la direction de quelqu'un qui souffre, car, à force de ne plus recevoir d'amour, d'être seul avec son deuil, un cœur trop longtemps triste se refermera, assurément.

Texte d'intégration : Éloge de la vulnérabilité

Tout occupés qu'ils sont, les gens n'ont pas le temps d'écouter les blessures, les faiblesses, de répondre à une demande d'aide, et encore moins de s'attarder à comprendre autrui. De nombreuses attitudes visent à camoufler nos coins ombragés ; nous n'acceptons pas de nous montrer vulnérables. Il a été un temps où j'ai moi-même cru que, pour avoir droit à la vie, il me fallait combattre très fort, me retirer très loin, aux confins de ma personnalité, laisser ma partie tendre bien au fond de mon être, et lutter chaque jour pour une parcelle de vérité.

Le premier pas est sans doute de lâcher prise, de guerre lasse, car abandonner les rives du combat fiévreux que nous avons engagé à notre naissance s'apprend à force de s'épuiser à monter cette pente abrupte de la productivité et de la conformité. Pourrais-je me permettre de re-connaître (oui, de connaître à nouveau) que dans la vulnérabilité se trouvent la douceur et la tendresse de mon âme, et que le guerrier fatigué peut enfin se reposer ? Pour cela, il me faudrait accepter de baisser les bras et de dire oui à ce flux abondant et naturel qu'est la vie...

Au cour des duels, des parties de moi se sont ainsi envolées, blessées, conquises par les efforts, les avancées présumées et les retraits forcés devant un ennemi, qui a pris tour à tour différents visages... le groupe, la société, l'entreprise, la mère, le voisin. Lasse de ces combats, mon âme m'a enfin parlé et puis, un jour, mon esprit a entendu son message.

Je sais maintenant que chaque instant est parfait en lui-même, qu'il me faut simplement ouvrir les yeux sur ce paysage abondant et merveilleux. Je peux prendre conscience, par la façon dont la vie répond à mes souhaits les plus secrets, que l'extraordinaire est déjà là, qu'il fait partie de ma vie, car, en revenant à mon essence, j'ai accepté d'aimer inconditionnellement toute manifestation de la vie elle-même ! Quand une pensée m'unit à tout ce qui existe, la vie qui m'habite me couve de ses plus grands bienfaits, par sa profondeur et son intensité.

« Notre peur la plus profonde n'est pas d'être incapable. Notre peur la plus profonde est d'être puissant au-delà de toute mesure. C'est notre lumière, pas notre ombre, qui nous effraie le plus[13]*. »*

Comme j'ai pu le penser jadis, cette lumière éclairant notre route n'était pas destinée à nous isoler, mais bien à faire de nous de grands appréciateurs de la Vie !

La peur

À elle seule, la peur mériterait tout un chapitre. Les différentes formes que peut prendre la peur sabotent les rêves et la réalisation personnelle, car elles inhibent nos actions, empêchent l'intelligence de fonctionner librement et étouffent la créativité. Non seulement elles nous briment dans nos choix, mais elles minent aussi nos relations humaines sur tous les plans, elles nous limitent dans notre expression. Notre incapacité d'agir pour notre propre bien ne profite qu'à ceux qui propagent la peur. En fait, les limites n'existent que dans notre esprit, elles sont créées de toutes pièces par ces peurs.

Nous en venons à croire que la solitude et la sécurité constituent un écran solide contre les coups durs. Mais voilà, cet isolement s'appelle « l'individualisme », et il est

13. Nelson Mandela.

l'aboutissement de conflits qui ont fait naître plus de peur que de liberté. Une peur constante, constituée d'un chapelet de peurs plus petites, sous-jacentes à la culpabilité, aux jugements, à la crainte de ne pas réussir. Nous avançons en solo avec nos peurs, car la souffrance est trop difficile à côtoyer... et nous croyons à tort que cela va passer, que le temps arrangera les choses. Nous développons l'art du silence et des non-questions, une attitude semblable à celle d'un prisonnier incarcéré à vie, question de survivre coûte que coûte.

De nombreuses personnes vivent dans la peur, à différents degrés. De grandes peurs mènent à des phobies sociales, à un retrait de la vie. Celles de moindre importance engendrent des crises de panique. Les dents de plusieurs grincent la nuit sous l'effet de l'anxiété et de l'impuissance. Beaucoup d'autres dorment peu, mal ou pas du tout. Puis il y a les peurs qui nous empêchent d'avancer et de faire des choix au quotidien. De façon cyclique, la peur menace notre droit à la sécurité, altère notre confiance et les fondements de notre société. Elle fragilise l'état mental de chacun. Lorsque notre personnalité bondit hors du cadre, dans ce que le système appelle « troubles du comportement » ou « instabilité mentale », la société nous renvoie tout de suite une image d'inadéquation visant à réprimer nos élans, nos éclats de joie qui nous rappellent notre existence.

Le repérage de mes peurs a certainement été la première clé de ma libération intérieure. Le simple fait d'en prendre conscience a été le plus beau cadeau de mon existence.

J'aimerais vous proposer de faire l'inventaire de vos peurs, afin de vous permettre de poser le pied sur le premier barreau d'une échelle solide et droite, qui vous mènera vers ce qu'il y a de meilleur en vous-même. En faisant cet exercice, vous relèverez plusieurs points importants. Je vous invite à les nommer, puis à essayer de voir quelle emprise les peurs ont sur vos pensées. Ce qui est certain, c'est qu'elles vous limitent de plusieurs façons.

EXERCICE

Repérer, prendre conscience de vos peurs

Observez :

- à quel point les peurs sont présentes dans votre vie ;
- que, bien souvent, vous ne connaissez pas leurs origines ;
- qu'elles surgissent parfois sans qu'il y ait de réel danger ou d'expérience néfaste pour entraîner leur apparition ;
- qu'elles sont liées à vos croyances, à vos perceptions ;
- qu'elles faussent votre perception de la réalité ;
- qu'elles vous retirent l'énergie utile pour agir ;
- qu'elles sabotent votre désir d'être bien ;
- qu'elles influencent vos choix négativement ;
- qu'elles limitent votre action, votre expansion ;
- qu'elles bloquent votre connaissance de vous-même et des autres.

Les effets de la peur

La peur viscérale qui se tapit dans les hautes herbes de notre conscience n'a pas besoin de grand-chose pour être réactivée. Elle prend toute la place dans notre existence. L'être humain qui vit dans la peur ne trouve aucune fissure dans le rocher pour s'agripper, afin de se hisser hors du précipice dans lequel il se sent tomber. Elle lui enlève toute force, tout désir d'essayer autre chose, elle l'éloigne des pensées justes et aimantes.

À cause de la peur, bien des manifestations de joie naturelles sont éteintes. Elle nous éloigne de notre essence, de nos réactions équilibrées, des balises rassurantes de l'amour, et la vie devient un enchevêtrement de sombres perceptions. La peur bloque notre expérience satisfaisante des relations humaines.

Non seulement la peur paralyse l'esprit, mais elle affecte le corps en modifiant notre respiration au point d'engendrer des contractures, des problèmes circulatoires, et éventuellement des affections bien plus graves encore. Mal oxygéné, le corps devient un milieu acide propice aux maladies. La bonne santé n'est possible que si nous acceptons d'éliminer les peurs qui minent notre vie ; notre équilibre mental en dépend également. En proie à des mécanismes de protection se présentant sous forme de blocages idéologiques, nous perdons les repères qui nous permettent de rester sains, d'éviter le mal de l'être. La peur nous fait douter de nous-mêmes, semant l'insécurité là où il pourrait y avoir de la joie et de la liberté, faisant ressurgir ce qu'il y a de moins bon en nous. Le doute s'infiltre alors, reléguant les bons sentiments dans l'oubli.

La confiance en soi est un espace si petit à l'intérieur de soi qu'elle peut se fragmenter et s'ébrécher facilement. Coupés des sentiments de sollicitude et de compassion, du sens de notre propre valeur, nous sommes devenus des automates. Le cœur fermé à double tour, nous voyons notre peur du rejet associée à celle d'être pris en défaut, et nous devenons alors une sorte de caricature de nous-mêmes. Pendant ce temps, certains profitent de notre paralysie mentale pour nous faire travailler quatorze heures par jour. Remarquez qu'eux-mêmes sont probablement aux prises avec la peur de perdre leur image, leur propre « sécurité » – ou un statut social, durement acquis à force de limitation et de *self-control*...

Comme un vent d'orage, la peur nous agite dans toutes les directions, soufflant de plus en plus fort, puis nous faisant perdre notre équilibre. Le panorama constitué de nos croyances nous plonge dans des brumes émotives et des décisions absurdes. Subtilement, elle nous transforme en quelqu'un qui ne se fait plus confiance, qui n'ose plus avancer, qui ne souhaite que la paix. Cet effritement procède lentement, mais aussi sûrement que les côtes du littoral s'érodent sous le ressac de la mer.

Nous n'avons qu'à penser à la construction élaborée par les dirigeants mondiaux, dont l'arsenal impressionnant est composé de bases militaires, de bombes, de machines de guerre, de comités, de ressources entraînées à réfléchir à leur utilisation, à comment exercer du pouvoir ailleurs, au déplacement d'énormes sommes d'argent et de priorités. La peur (et le désir du pouvoir, bien sûr) enlaidit l'homme. Sous l'emprise de ses comportements les plus laids, il agit dans la déconnexion la plus totale avec le sens de la vie, semant la mort et l'abrutissement au passage.

Ne vous méprenez pas sur mes propos ; la peur peut aussi être un don du ciel, car elle nous protège de dangers bien réels et assure notre sécurité. La peur du danger qui préserve la vie ne doit pas être confondue avec la peur apprise. Cette dernière est un procédé qui vise à modifier notre comportement, afin de nous placer dans une position d'impuissance, au profit d'une mécanique économique, d'un système social, d'un mode idéal de fonctionnement des groupes.

SE RÉAPPROPRIER SON ESPACE ÉMOTIF

Dans la vie moderne constituée de confort, de performance, de consommation et de conformisme, convenons que ces dangers, dits « réels », sont peu fréquents. Bien que certaines circonstances puissent justifier une réaction de protection, ce n'est pas de ce genre de situations que nous parlons maintenant. Il est important de comprendre que notre cerveau associe des situations et provoque des réactions automatiques (par l'entremise du cerveau limbique) sans discernement. Dès lors, la situation présumée dangereuse se superpose au souvenir. Pour le bien de l'exercice que je vous propose, nous écarterons les situations menaçant notre intégrité physique et affective, comme les cas d'accident ou de violence.

Afin de vous défaire des réactions automatiques basées sur une émotion, qu'elle soit autogénérée ou provoquée, vous devez accepter de vous arrêter et vous observer. Les questions suivantes vous aideront à dominer le mécanisme artificiel de la peur :

- Qu'est-ce qui se passe réellement (les faits sont…) ?
- Est-ce un événement grave ?
- Est-ce que je peux nommer mon (mes) émotion(s) ?
- Est-ce que cela me rappelle autre chose (souvenirs) ?
- Suis-je responsable de la situation ?
- Est-ce que cet événement m'appartient ?

Pour reprendre l'exemple de ma collègue, dont le conjoint devait conduire les enfants à un entraînement sportif (voir p. 123), en aucun cas le fait de « manquer possiblement » ce rendez-vous ne justifiait une réaction de panique. En nous basant sur les questions ci-dessus, nous réalisons que ce que vivait cette femme ne constituait pas une situation dangereuse ! Le désamorçage d'un mécanisme automatique d'association, que je vous ai décrit plus haut, jouit alors d'une belle occasion de se produire. La condition essentielle est que vous acceptiez de regarder tout événement qui vous semble menaçant avec le recul nécessaire. Vous avez reçu précédemment un outil précieux pour cette démarche : je l'ai appelé la fonction Pause (voir chapitre 5).

Texte d'intégration : La crevasse intérieure

Chacun de nous porte en soi un espace plus sombre où suintent la douleur et la souffrance, reléguant une partie de notre être dans l'inconscient. Faits de matière vivante, nous réagissons à l'environnement, aux sensations, aux expériences. En activant l'Explorateur, nous pouvons toucher à cette crevasse intérieure. Prenons le temps d'en contacter la source. Écartons les faux-fuyants et les tentatives de remplissage artificiel auxquelles la personnalité s'adonne dans le but de nous éloigner de cette zone blessée. En la touchant tout doucement par la pensée, permettons-lui de reprendre vie. Dorénavant, nous ne pouvons plus ignorer cette part qui s'éloigne de la lumière. Nous sommes une représentation de ce « tout », qu'il nous appartient de réunifier. Alors, seulement, la guérison pourra commencer.

Dans un moment de calme, je laisse mon esprit toucher ce coin de mon être qui m'empêche d'être totalement présent, de vibrer à l'unisson avec mes fibres, à ce que la vie me présente. Je prends le temps de sonder mon corps à la recherche de cette partie de moi où j'ai tiré les rideaux... Je laisse les images défiler pour devenir de plus en plus précises, me permettant d'entamer un dialogue avec ce que j'appelle « mon petit coin sombre ». Je peux tout simplement l'accueillir, lui dire que je suis là pour lui. Qu'il prenne la forme d'un trou, d'une boule informe, d'un nuage grisâtre ou d'un amas gluant, je peux commencer à l'aimer, même sans le comprendre. Dorénavant, il n'est plus à part, ni détaché, il ne peut plus évoluer seul et devenir un malaise, il ne peut plus devenir une maladie, car je l'ai reconnu, et donc reconnecté à la source de vie.

C'est précisément dans cet instant de calme et de paix avec lui-même que le corps fait ce qui est important. Dans ce « rien », il se passe plein de choses :

« Je peux donner à mon être cet espace de plénitude dont il a besoin, à l'abri du tumulte des pensées, des "il faut que...", loin des obligations et des horaires à respecter. Mon corps en a besoin pour être en harmonie, pour laisser les échanges chimiques se produire, pour que plein de choses puissent se passer, maintenant que je lui laisse toute la place nécessaire[14]. »

14. Jean-Charles Crombez. *La personne en ÉCHO*, Éditions de l'Homme, 2006.

QUATRIÈME SECTION

Honorer la vie

Chapitre 11

LE STRATAGÈME DE LA SOUFFRANCE

Jadis, les peuples avaient des chamans, des guérisseurs, des druides, sortes de magiciens de l'esprit et du corps. Ces sages savaient lire dans le cœur des hommes. Ils s'occupaient d'éduquer les humains, de leur apprendre la grande sagesse de la vie et l'importance de soigner leur corps, de s'accorder du respect aussi. La modernité et ses accaparements nous ont fait perdre le sens de l'existence. Nous regardons placidement l'étalage de la mort et des problèmes humains sur des écrans de plus en plus grands. Le dysfonctionnement de l'organisme et la souffrance sont devenus choses courantes, et j'entends par là que nous nous y sommes habitués et que nous les acceptons comme « normaux ».

Nous nous attendons à vieillir, à perdre, du moins en partie, nos facultés et notre autonomie. Peut-être est-ce justement parce que la vie est devenue trop semblable à un laboratoire où des médicaments endorment nos maux, surtout les plus simples... De nos jours, on se prend un peu pour Dieu, on tient la vie pour acquise ; on la manipule, on la crée en éprouvette, on la quintuple sans penser aux conséquences. On l'utilise pour satisfaire des souhaits ponctuels, tout en continuant à camoufler nos insatisfactions. Sur l'échiquier global de la création, nous n'avons pas encore pris conscience des effets néfastes de l'effacement de la douleur, pas plus que de la reproduction artificielle. Je ne peux m'empêcher de ressentir une certaine tristesse face à ces manipulations, qui ne portent pas toujours leurs fruits.

Nous, les humains, avons trop souvent le réflexe de rejeter ce que nous ne connaissons pas et qui nous fait souffrir au lieu de chercher à le comprendre. Nous rejetons même la vie, telle qu'elle est. Nous essayons de la modifier, de lui imposer nos désirs et de lui faire suivre la direction de nos pensées, selon des schémas savamment édifiés, qui ne sont que les reflets de ce que nous croyons percevoir.

Nous, les humains, nous nous dépossédons du moment présent en étirant notre « élastique[15] » vers des futurs qui n'existent pas.

Nous, les humains, tentons d'apprendre à nos enfants ce qu'ils savent déjà mieux que nous. En réalité, c'est sans doute nous qui ne comprenons rien...

Remarquez, je suis comme vous ; je m'interroge sur les possibilités d'obtenir plus de la vie que ce qu'elle m'offre déjà. Je suis tout de même sensible aux déséquilibres qui peuvent survenir durant mes essais, qui comportent, comme toute expérience scientifique, une marge d'erreur. Et je me trouble profondément à l'idée du désir, qui naît de la production de la

15. Syndrome de l'élastique (voir chapitre 5).

souffrance, et de la raison, qui pousse certains êtres humains à user de leur pouvoir sur autrui afin de l'assouvir… Au bout du compte, je crois que la vie elle-même se charge d'établir son propre équilibre. En attendant, je m'aperçois que le fait d'avoir trop de pouvoir nuit aux hommes et qu'en manipulant la vie comme si nous étions tout-puissants, nous n'avons aucun remords à causer du tort, tant que cela satisfait nos désirs.

Repousser la grisaille de notre réalité, fermer les yeux, autrement dit, ne fait qu'éloigner le moment de la prendre en charge. Malheureusement, cela a pour effet de lui donner l'occasion de se répéter en boucle jusqu'à ce que nous ayons compris que chercher à s'en éloigner n'est pas une solution.

La souffrance est partie intégrante de nos vies. Lorsqu'elle prend trop de place, nous multiplions les tentatives pour être entendus, pour attirer l'attention, essayant de nous confier et espérant amoindrir notre souffrance en la verbalisant. Mais voilà, plus nous souffrons, plus nous nous barricadons, cherchant à nous protéger des causes extérieures. Croyant ainsi nous mettre à l'abri, nous nous coupons de la source de guérison la plus vaste : l'entraide. Au fond, nous savons bien que la souffrance est collective, tous en connaissent l'existence ; la nommer, c'est déjà compatir.

LA SOUFFRANCE ET LA MALADIE

Les bouddhistes nous disent : mon corps est un temple. Il est aussi notre véhicule, il nous transporte d'une situation à une autre, il est le moyen qu'a trouvé l'âme pour se manifester dans la vie. Dans notre société de production et de performance, nous préférons donner à l'intelligence et à la pensée une suprématie incontestée, et nous n'accordons que très peu d'importance au corps et à ses messages. Le divertissement a remplacé la connexion au Soi par la recherche de satisfaction sous différentes formes, comme la nourriture, la cigarette, l'alcool, le plaisir instantané et illimité. À l'opposé se trouve notre incapacité d'effectuer des choix qui nous comblent réellement, tant nous avons été réduits à faire le mort devant l'écran de la télévision. Voilà l'inertie qui s'installe. Au point où nous oublions de respirer, et nous fumons, rageons, mangeons trop ; parlons de choses sans importance, brouillant les pistes du bonheur qui se trouvaient pourtant tout près, détournant délibérément les yeux de notre propre pouvoir de création. La frénésie due à un horaire trop chargé, la recherche de sensations fortes – voire dangereuses – peut même nous entraîner vers la pratique d'un sport violent. Nous avons perdu ce lien précieux entre un corps et un esprit sains. Ce sont des attitudes bien contemporaines, qui nous garantissent une perte de vitalité à coup sûr.

Le corps, complètement déconnecté de l'harmonie naturelle qui devait lui assurer une vie pleine de santé, commence à lâcher, et graduellement ne remplit plus la mission pour laquelle il a été conçu. Les cellules n'assument plus leurs fonctions normales et adoptent des comportements qui traduisent leur essoufflement… Elles se « parkinsonisent », elles se « cancérisent », elles se « fibromyalgisent » ; elles s'exténuent dans cette immense tâche d'entretenir la déconnexion, elles se « leucémisent », se « bactérisent », se désintègrent. Le message ne passe plus ; le cerveau est bien trop occupé pour l'entendre. Et le cœur ? Même les sentiments les plus nobles et les plus humains nous déconcertent. Le cœur se ratatine, se bloque, s'assèche, se durcit sous les coups ; lui non plus ne peut plus remplir son rôle adéquatement.

Après les maladies du cœur viennent les maladies des grands systèmes (le sang, les glandes, le pancréas avec le diabète, le cholestérol, la rate avec le déséquilibre hormonal, etc.). Puis, non loin derrière se profilent les maladies de la tête, de plus en plus subtiles. Voyez-le comme vous voulez, mais il semble que la tête soit également en train de montrer des signes de la fin de son équilibre. Le corps humain réagit comme il peut aux agressions du stress, de la surperformance, de l'épuisement énergétique, du mauvais traitement qu'on lui fait subir. Ensuite on s'interrogera : Pourquoi suis-je malade ?

Nous passons tout de suite en mode solution, nous prenons des médicaments sans nous questionner sur la cause de la maladie. Pourtant, celle-ci est un signe de dérèglement de nos capacités d'adaptation et de mauvaise régulation corporelle. Nous croyons même que la souffrance est inéluctable, qu'elle fait partie des conditions de notre existence, que nous devons apprendre à vivre avec. Les connexions neurologiques utiles à l'intégrité de notre autoroute sensitive ne servent plus à rien ; la douleur s'incruste.

LE MAL PHYSIQUE, CONSTRUCTION COMPLEXE DU MENTAL

Notre corps physique subit des assauts chaque fois que nous faisons des efforts pour faire taire la vie qui nous habite, tentant de mettre hors d'atteinte les troubles variés que nous éprouvons. Ce faisant, les déséquilibres que nous nommons « symptômes » s'accroissent et sillonnent nos cellules dans un effort pour éveiller une partie ou l'autre qui voudra bien recevoir le message. Mais la déconnexion est devenue trop grande, et les messages, des éléments perturbateurs empêchant la sacro-sainte performance. Essayer d'ignorer notre partie blessée, consciemment ou non, se résume à vivre en acceptant que notre santé soit déficiente ! Nous sommes partis loin dans notre tête, à ruminer les prochains échéanciers, obligations, projets, vacances, travaux, activités, dans une démesure qui ne laisse aucun RÉPIT à notre organisme.

Un peu comme sur un instrument de musique qui a besoin d'être accordé, une corde défectueuse entraîne la dissonance de toutes les autres, et l'instrument ne peut jouer aussi harmonieusement qu'avant – d'où notre sentiment profond d'être à côté de la plaque. Une partie de nous ne vibre plus à la bonne tonalité. Plus rien n'a alors de sens, car les cordes de notre instrument doivent toutes vibrer ensemble pour produire une harmonie. Les maux physiques peuvent se multiplier en une construction d'une complexité et d'un agencement d'une rare intelligence.

LES ARMURES

Avec le morcellement de votre système d'autoprotection, la transformation est enclenchée. Votre mental a édifié des constructions savantes qui ont pour but de vous prémunir contre la souffrance : elles s'apparentent à une armure qui vous isole de vos zones dissonantes[16]. En posant sur elles un regard aimant, vous entrez en relation avec ces parties blessées. Elle naît de votre intention d'être exactement la personne que vous souhaitez, fidèle à votre rêve de vie.

Dans cet espace d'attention bienveillante envers la douleur, pratiquez plusieurs fois par jour une respiration lente et profonde afin d'insuffler la vie et l'énergie de l'Univers, sources de bienfaits et de régénérescence, à vos cellules. La vague de bien-être déployée à l'intérieur de vous guérira chaque ion de votre être.

16. En opposition à la congruence personnelle (voir note 11, p. 134).

Au début, vous ressentirez l'effritement d'une barrière qui se dressait entre la plénitude et le mal de l'être. C'est là que tout commence, qu'une petite brèche se crée dans le barrage. Peu à peu, elle laissera passer la lumière pour que votre Soi unisse lentement la faille ainsi reconnue au reste de votre corps. Acceptez que la vibration de la vie fasse son travail, qu'elle soit honorée par la vitalité de toutes les cellules de votre organisme. Refusez fermement que votre esprit réduise vos efforts en activant des programmes légués par votre éducation et votre milieu, par des choix non éclairés provenant du passé. Laissez chaque cellule célébrer le CADEAU IMMENSE DE LA VIE.

Chapitre 12

VOTRE POINT DE BIFURCATION

Les gens qui constatent leur insatisfaction face à leur vie sont de plus en plus nombreux. Socialement parlant, cela se traduit par des prises de conscience massives, et lorsqu'ils réalisent qu'ils font face à ce qui s'appelle le « point de bifurcation[17] ». Un changement de direction se fait sentir, rien ne va plus. Ces personnes procèdent alors à un retrait graduel des idées reçues et ingérées depuis des décennies, et comprennent que celles-ci ont masqué la nature véritable de leur Soi.

Vous avez vécu une grande partie de votre vie en reproduisant des schémas appris, dans divers milieux qui reflétaient des idées préconçues. Ces images, vous les avez assimilées au fil de votre éducation, par l'écoute de divers messages médiatisés, subliminaux ou intrinsèques, par des manipulations

---

17. Wayne W. Dyer. *The Shift*, Hay House Films, 2010.

de votre entourage aussi (nous avons tous subi la même programmation, soyons indulgents). Vous les avez intégrés par des apprentissages « essais-erreurs ». Un peu comme on entraîne des chiens, à la manière de Pavlov, les dirigeants vous ont exposé à des expériences au travail, calquées sur un modèle de réponses comportementales, à travers un ensemble de renforcements subtils et de critiques dissuasives. Tout cela a eu pour effet de vous inciter à adopter une attitude souhaitable socialement parlant, pour finalement faire en sorte que vous vous comportiez de la « bonne » façon, et que l'illusion de votre impuissance maintienne l'emprise d'un tiers sur votre vie.

Soit par la force des choses, soit par un choix (conscient ou inconscient) de votre part, le basculement s'est enfin produit, et vous avez compris que tout cela n'est pas VOTRE vie ! C'est plutôt celle que vous avez achetée. Peut-être vous demandez-vous ce qui a bien pu se passer ? Je vous dirais qu'au premier abord, cette question n'a pas beaucoup d'importance. La façon dont vous êtes arrivé à ce point de bifurcation sur votre chemin de vie est secondaire. Vous devez savoir que vous l'auriez atteint de toute façon, peu importe les efforts que vous auriez pu déployer pour le contrer ou les circonstances dans lesquelles vous vous seriez trouvé. Aussi le mental essaiera-t-il de vous diriger vers un raisonnement labyrinthique qui ne vous mènera qu'au premier stade de votre transformation : la frustration. Cet effort qui vise à rationaliser ce qui se passe est utile en ce qu'il vous permet de passer à l'action. Nous verrons ensemble comment.

Vous avez été éjecté de la Matrice, pour reprendre une analogie bien connue développée dans le film qui porte ce titre (*The Matrix*). C'est pendant cette période particulièrement houleuse et difficile que vous serez tenté de retourner en arrière, à l'aide des schémas que vous avez empruntés jusqu'ici et qui vous sembleront représenter votre seule planche de salut. Vous rebrousserez chemin sans doute, plus d'une fois[18], et vous vous retrouverez à parcourir de plus en plus rapidement le circuit vous ramenant à votre point de bifurcation. Vous toucherez peut-être aussi des états de colère, de sarcasme et de refus. Ces sentiments seront prépondérants dans votre quotidien, tant et aussi longtemps que vous n'accepterez pas que vous avez dépassé l'illusion et que vous devez prendre en charge votre changement de cap !

Si vous avez l'impression de vivre cette situation,
vous avez atteint votre point de bifurcation.

Votre point de bifurcation

- L'interprétation de votre réalité se fait d'une façon différente.
- Votre corps est en phase d'adaptation physiologique et énergétique.
- Vous avez accepté ce nouvel état et allez de l'avant avec ce nouveau Moi.

18. Voir « L'effet boomerang » (chapitre 4).

Cette transition pourrait durer des années, surtout si vous ne vous apercevez pas de ce qui vous arrive. Dans mon cas, elle s'est échelonnée de 1995 à 2010, soit une période de quinze ans. Des événements négatifs de toutes sortes, tant sur le plan personnel qu'au travail, m'ont ébranlée, confirmant mon désir de manifester réellement celle que je suis et m'amenant à remettre en question beaucoup des principes que j'avais appris, ainsi que l'ensemble de mes valeurs. En tant qu'analyste de l'information, je me suis intéressée à la raison d'être de ces contrecoups de la vie, plutôt qu'à leurs effets négatifs. Les cours de méditation et les lectures inspirées, notamment les enseignements bouddhistes du dalaï-lama, m'ont ouvert le chemin. J'ai alors compris que je vivais ce qui s'appelle le Samsara et que, par effet cyclique, les mêmes situations allaient se présenter, tant et aussi longtemps que j'essaierais de les repousser et que je ne m'attarderais pas à leurs messages. Ces mises à l'épreuve nombreuses m'ont rapprochée de ce que je souhaitais vraiment vivre et m'ont apporté un plus grand bien-être. Dès la première année de ma transformation, j'ai pu constater que j'avais plus d'espace à l'intérieur, plus de liberté d'action, d'intuition et d'ouverture à l'aventure humaine. Bref, que mes efforts d'observation et de compréhension me rendaient plus disponible pour la Vie elle-même !

J'ai la conviction que nous naissons avec les bons espoirs. En acceptant ma mission, ma légende personnelle, j'ai constaté que j'avais libéré l'énergie nécessaire pour continuer ma vie. J'espère sincèrement que vous vous permettrez d'explorer toutes les possibilités que la vôtre peut receler. À bien y réfléchir, rien ne DOIT absolument se poursuivre comme cela été le cas jusqu'à présent. Le scénario imaginaire de départ peut être modifié, vous pouvez intégrer de nouvelles expériences et modifier votre parcours, si c'est ce que vous souhaitez... En fait, il se pourrait que vous

vous rendiez compte que l'ancienne route ne vous dit plus grand-chose ; qu'elle vous accapare tellement qu'au fond vous ne savez plus qui vous êtes !

Explorez tout votre espace, celui de votre cœur, en passant par les soixante mille milliards de cellules de votre corps. Puis, de grâce, laissez les deux cents milliards[19] de cellules qui doivent mourir aujourd'hui, et demain, et le jour d'ensuite, emporter avec elles les résidus de votre ancien Moi.

LES MANIFESTATIONS PHYSIQUES DU POINT DE BIFURCATION

Des manifestations se produisent dans votre corps afin d'éveiller toutes vos cellules. C'est un peu comme si votre instrument subissait une mise au point générale, un genre de mise à jour technique. Nous appelons cet ajustement un « alignement ». À quoi ces changements peuvent-ils ressembler ? En voici une liste qui est loin d'être complète, mais qui vous indiquera que quelque chose ne va pas, que vous devez faire une pause avant de pouvoir poursuivre. Ces manifestations représentent également le signe que vous avez atteint le point de bifurcation et que le travail d'alignement du Soi avec votre mission de vie est bien enclenché :

- migraines (base de la nuque, centre du front et dessus de la tête, souvent d'un côté en particulier) ;
- maux de ventre (liés à vos émotions : peur, anxiété, excitation, recherche insatiable de divertissements) ;

19. Bruce Lipton. *Biologie des croyances*, Éditions Ariane, 2006.

- difficulté à digérer vos aliments habituels (rejet alimentaire massif – tout y passe) ;
- sensation de pression/lourdeur dans le sacrum, perte de mobilité des hanches (performance, frustration, sentiment d'impuissance) ;
- engourdissement, des membres supérieurs surtout ;
- pertes de mémoire, idées embrouillées (en rapport avec l'écoute du Soi, de vos limites, de votre fatigue) ;
- mal de gorge, serrement, picotement, étouffement, sensation de manquer d'air ;
- incapacité de dormir, agitation ;
- toutes les émotions et sensations que j'ai déjà décrites plus haut.

Ces manifestations physiques sont temporaires et peuvent avoir un impact réel sur vos activités quotidiennes. En sachant qu'elles sont liées à une étape de transformation, vous pourrez prendre du recul et poser les bons gestes pour vous détendre. Il est également possible que vous viviez de l'inquiétude, qu'un doute plane sur votre état de santé. Sachez que le doute est autant un élément déclencheur qu'un signe, celui qu'une ouverture est en train de se créer[20].

Dans ce cas, il est bon d'être le Grand Observateur (voir chapitre 8) de vos inconforts, sans pour autant laisser la panique prendre le dessus. Je tiens à préciser que j'encourage toute personne qui souhaite avoir le cœur en paix à consulter un médecin pour s'assurer que ces états ne constituent pas les

20. Voir les sections suivantes : « Le cycle de la création » (p. 168) et « Le doute comme élément déclencheur » (p. 15).

symptômes d'une affection physique plus grave. S'il déclare que vous n'avez rien, restez à l'écoute et reconnaissez qu'il pourrait bien s'agir d'autre chose que d'un problème médical. Votre organisme réagit à des modifications vibratoires, et vos modes de perception sensoriels et énergétiques s'en trouvent modifiés.

Ralentissez, prenez le temps d'observer que plus il y a de stress dans votre vie, plus les symptômes augmentent. Allez respirer de l'air pur, marchez, lisez, écrivez, demandez à d'autres personnes autour de vous si elles vivent les mêmes désagréments passagers. Vous n'êtes pas seul ! Recherchez la compagnie de gens qui vous font du bien, les endroits qui vous plaisent, les ambiances qui vous attirent, faites confiance à votre intuition, vous saurez instinctivement où vous diriger. Si vous vous sentez perdu, si la route à suivre ne vous semble pas assez claire, rendez-vous dans la nature, dans un sanctuaire, dans un monastère, retirez-vous et donnez-vous le temps nécessaire pour calmer vos émotions et vous mettre à l'écoute des messages de votre corps ; il essaie de vous dire quelque chose d'important.

Et, devant ce défi, pourquoi ne pas démontrer le même courage qui vous a précédemment fait choisir l'existence que vous menez présentement et qui ne vous convient plus (ou encore, qui vous a rejeté) ? Si vous choisissez de vous rabattre sur l'ancien modèle, vous pouvez passer à travers cette étape très « physique » sans vous inquiéter outre mesure et sans accorder trop d'importance aux dérangements qu'elle occasionne. Un retour en arrière sera possible dès que vous serez porté à renouer avec vos anciennes habitudes, avec les pensées accommodantes habituelles, ce qui inclut les limites qui vous assuraient une illusion de confort et de sécurité, de même que la réactivation des peurs restreignant votre expansion.

Vous pouvez à tout moment retomber dans le cycle de vos pensées limitatrices. Si votre désir de poursuivre l'exploration personnelle permettant cette transformation est suffisamment solide, donnez-vous la chance de continuer cette lecture à l'écart du doute et de la peur. Surveillez bien la réapparition des émotions et des réactions physiques par lesquelles vous êtes passé jusqu'à présent et que vous connaissez maintenant mieux. Reprenez les exercices qui vous sont proposés dans ce livre pour vous guider.

LE CYCLE DE LA CRÉATION ET LE PRINCIPE D'UNITÉ

Dans la vie, rien n'est linéaire. La création est un assemblage complexe de réactions qui prend forme selon les forces auxquelles tout élément est soumis. Dès lors, on comprendra qu'une transformation procède par phases. Notre esprit a indûment conclu qu'il devait saisir les choses selon un ordre logique, établissant une séquence ainsi qu'une certaine

linéarité. Or, il n'en est rien. Le début de quelque chose représente obligatoirement la fin de l'étape précédente, et ainsi de suite.

Par exemple, nous comprenons très bien que notre société de consommation engendre la production de biens en grande quantité, que cela entraîne la pollution de nos écosystèmes et qu'en retour nous devons dépenser une quantité appréciable d'énergie pour les assainir. Nous sommes assez évolués pour comprendre qu'un jardin arrosé de pesticides et d'eau polluée deviendra une composante nocive pour la chaîne alimentaire humaine et qu'en consommant ses fruits, on introduira des toxines dans notre organisme. Bien que bon nombre d'études sur la production de masse de nos aliments le prouvent, nous avons l'intelligence nécessaire pour saisir que tout abus causera inévitablement des problèmes, car un déséquilibre n'existe jamais seul. Notre corps, véritable microcosme de notre planète, sera inévitablement assailli par des cancers et autres maladies, modifiant notre vie de même que les systèmes de soins de santé. Se pourrait-il que nous refusions d'admettre que cette chaîne de réactions de nos mauvaises habitudes relève d'une innocence que nous ne pouvons plus nous permettre d'entretenir ?

Lorsqu'ils évoquent le concept d'unité (le principe de « l'Un est dans le Tout, et le Tout est compris dans l'Un »), les bouddhistes font justement allusion au fait que tout mouvement de vie inclut les autres et que n'importe quelle manifestation a un impact sur toutes les formes de vie existantes. Ces phénomènes sont bien connus maintenant, et les gens en sont de plus en plus conscients.

Pour décrire le concept de la transformation, on emploie des termes normalement destinés à la description des phénomènes physiques. Il est utile de savoir qu'une *contraction*, bien qu'inconfortable et très dérangeante, est l'annonce de

– et le passage obligé vers – la prochaine *expansion*. Lorsque les choses vous paraissent inertes, il s'agit en fait d'un *plateau*, d'un temps d'intégration et de préparation à la prochaine vague de changements. Ainsi tout est lié, rien n'est linéaire, et votre façon de voir les choses pourra faciliter ou empêcher la création d'un nouveau mode de perception et d'une meilleure qualité de vie, qui intégrera conscience et vitalité !

Le processus de transformation personnelle n'échappe pas à cette règle du cycle de la création. Le début de votre cheminement aura obligatoirement des effets sur la prochaine étape, de même que la transformation que vous aurez accomplie aura un impact sur votre environnement, vos décisions, votre façon de voir la vie. Vos gestes ne seront plus les mêmes, et votre famille, vos amis, par un effet de vases communicants, deviendront la représentation vivante des changements que vous aurez apportés à votre façon de penser et d'agir. La qualité d'attention que vous en viendrez à porter aux différentes phases du cycle de la création vous ouvrira tout un éventail de possibilités. Vous comprendrez plus facilement que chacun de vos choix peut vous mettre sur une route expansive, ou vous précipiter dans une contraction.

Ne soyez pas dupe de votre esprit qui essaie de tout ramener à une ligne droite, à quelque chose de prévisible et de rassurant, à une trajectoire directe d'un point A à un point B. Vous devez apprendre à avancer en confiance, puis poser le pied sur la prochaine pierre. Celle-ci se présentera lorsque le moment de faire un pas de plus sera venu. Bien entendu, votre mental expert essaiera de prévoir chaque détail ; un effort tout à fait inutile. Activez plutôt votre Explorateur et développez votre intuition, faites de chaque geste une occasion de plénitude et d'accomplissement.

Dans la vie, il n'y a jamais de fin, que d'éternels recommencements dans un cycle continu de création.

Texte d'intégration : Méditation du cent pour cent

Je m'assois confortablement, les mains posées sur les cuisses de façon naturelle.

Je ferme les yeux et je porte mon attention sur ma respiration.

Je peux sentir l'air entrer et sortir de mes narines, doucement, régulièrement, je ne contrôle rien, je me concentre sur l'air qui entre et qui sort, je l'imagine.

C'est ça – je prends le temps de sentir cette belle énergie qui est dans l'air pénétrer dans mes poumons, dans mon sang, oxygénant mes différents organes...

Je reste bien concentré sur la qualité de l'air, sur ma respiration, le temps qu'il faut.

Maintenant, je me permets de visualiser l'ensemble de mes qualités – n'importe lesquelles.

Laissez-vous imprégner de ces qualités, laissez-les grandir en vous : « Je suis fiable, je suis authentique, je suis compatissant, je suis paisible, je suis un être aimant, je suis ouvert... »

Retenez quelques mots qui vous touchent particulièrement, sans vous juger.

Des mots comme : aimant, généreux, fiable, amical...

J'aime mon corps, mon cerveau, mon cœur – surtout. Je suis un être magnifique, mon Soi a tous les pouvoirs, je crois en moi...

C'est bien... ma respiration est calme et continue, mon corps s'oxygène doucement.

Maintenant, en pensée, je trace une grande bulle autour de mes qualités, comme si je la dessinais avec un crayon.

Je me sens devenir tout petit, je dessine ma grande bulle...

Maintenant, j'imagine que ma bulle est d'une couleur que j'aime particulièrement.

Je peux tracer la bulle avec mon doigt, dans les airs, ou sur la partie de mon corps qui contient mes qualités – sur mon cœur, sur mes cuisses, sur mes bras, dans mes mains... Je l'imagine qui prend une très grande place dans mon corps, dans ma tête aussi...

Inspirez et expirez doucement, en portant votre bulle pleine de QUALITÉS à l'intérieur de vous. (Six respirations.)

À la prochaine expiration, j'imagine ma belle grande bulle qui prend de l'expansion afin d'occuper toute la place à l'intérieur de moi.

Je la vois devenir transparente, légère, je la sens perdre sa lourdeur. Je me sens bien, léger.

Ma bulle est si grosse et si transparente que je ne peux plus la tenir dans mes mains, je sens que les qualités à l'intérieur deviennent de plus en plus grandes, que ma bulle va exploser ! Oui, oui, je peux la laisser exploser à l'intérieur de moi ! Elles se répandent partout, comme une constellation d'étoiles brillantes. Je souris ; mon cœur aussi sourit de bien-être. C'est magnifique, c'est très beau !

Je laisse ma respiration se calmer et continuer à faire son travail, mon corps s'oxygène doucement.

Je remercie mon corps, mon cœur, mon cerveau, je suis un être unique et merveilleux, je crois en moi, je suis rempli de ces qualités qui font de moi un ÊTRE MAGNIFIQUE ! Je peux les laisser prendre toute la place, les porter avec fierté !

Tout doucement, votre conscience s'agrandit et vous pouvez voir le ciel couvert de vos qualités, des qualités aussi de tous ceux et celles qui ont fait cette méditation avec vous, maintenant. Vous vous dites : « Je peux voir nos qualités danser dans le ciel, c'est très beau ! »

Je prends le temps de revenir à cet espace à l'intérieur de moi que j'ai créé en libérant ma belle bulle pleine de qualités... Je sens que mon corps et mon esprit sont plus libres. J'apprécie ce nouveau sentiment de légèreté...

Je reviens à ma respiration, qui est toujours calme. Je me vois, je me sens tranquillement assis là – c'est bien...

Je bouge doucement les mains, les pieds, je prends trois grandes inspirations. Doucement, quand je suis prêt(e), j'ouvre les yeux.

Chapitre 13

LE *WOW FACTOR*

Choisir de vivre avec la passion fait appel à la pratique de l'Observateur, à l'écoute du Grand Conseiller, à votre intuition. Vous avez appris que vous ne pouvez pas vous fier à votre première réaction, puisqu'elle découle des croyances et des modèles issus du fameux « copier-coller ». Comme je l'ai fait lors des autres exercices de ce livre, j'aimerais vous proposer l'adoption d'une nouvelle attitude qui viendra renforcer votre capacité à choisir ce qu'il y a de mieux pour vous, c'est-à-dire : le *wow factor* ! Il est temps d'abandonner ce qui vous laisse tiède et de faire des choix plus pertinents.

Au départ, il peut s'agir d'acquiescer à des perspectives qui vous sortent de votre zone de confort, ou encore qui vous apparaissent ridicules. Votre système de croyances, siège de votre personnalité, essaiera sans doute de vous convaincre de ne pas faire ces changements. Vos pensées iront de : « De quoi j'aurai l'air ? » à « C'est dangereux, je ne devrais pas faire cela. »

Vous ne pouvez pas espérer découvrir une nouvelle direction sans prendre quelques risques, ne serait-ce que celui de déroger à votre sens du conformisme ! Mais, entre vous et moi, de quels dangers s'agit-il vraiment ? Celui de vous sentir ridicule ? De ne pas réussir à exceller dans un champ d'activités particulier ? D'en ressentir de l'inconfort ou d'en être déstabilisé ? Admettez-le, aucune de ces conséquences ne porte réellement atteinte à votre sécurité !

Plus vous sortirez loin et souvent de votre cadre, plus vous serez à l'aise de répéter l'expérience dans des circonstances différentes. Ne vous découragez surtout pas ! Observez plutôt le mouvement de vos pensées, notez au passage les croyances qui vous empêchent d'avancer. Lorsque vous plongerez dans l'inconnu, demeurez compatissant à l'égard de votre corps qui pourrait donner des signes de combat, voir être carrément récalcitrant à l'idée de cette aventure. Pour rendre la route agréable, n'hésitez pas à rechercher ce qui fait « wow », sans compromis !

Vous pouvez également utiliser une technique qui consiste à parler directement à la partie en vous qui éprouve un malaise, comme à un enfant auquel vous enseigneriez un nouveau truc. Cette approche diminue les effets indésirables en cours de transformation, et vous permet de prêter attention à ce qui se passe en vous (voir L'Explorateur, chapitre 8) sans que cela accapare toute votre énergie ! Votre corps et votre tête ne font que réagir en tentant de vous protéger *de ce qui leur semble* représenter une menace. Profitez-en pour dire à vos parties douloureuses que vous reconnaissez leur collaboration, qu'elles sont essentielles à votre bien-être.

Astuce

Au moment où vous vous sentez sous l'emprise du doute ou de la peur, respirez... lentement et profondément... puis prenez conscience de votre être, de son pouvoir de Vie. Laissez-vous aller à vraiment ressentir la vie dans chacune de vos cellules. Accueillez cet état, car il est le signe qu'une plus grande ouverture est imminente. Il ne sert à rien de bloquer l'élan, ni de donner du pouvoir aux émotions négatives. Souvenez-vous qu'elles ne sont que les vestiges de programmations visant à vous stopper dans votre expansion !

S'OUVRIR AVEC CONFIANCE

Avancer dans une nouvelle direction demande de la confiance et de l'assurance. Afin d'amorcer cette belle lancée, je vous propose un exercice qui vous fera toucher à vos forces, à vos qualités, et qui vous rassurera sur le potentiel des expériences à venir. Nous sommes d'accord qu'afin de progresser sur le sentier, vous devez vous donner l'occasion de vous reconnaître entièrement. Autrement, comment pouvez-vous espérer que quelqu'un d'autre le fasse ? Reconnaissez d'abord votre perfection, ce qui fait que vous êtes unique et magnifique.

Après toutes ces années à chercher, à laisser derrière des parties de votre authenticité, à combattre sur le marché du travail pour obtenir une certaine reconnaissance, à laisser votre désir d'être heureux partir en fumée, à vous évader de la réalité par des plaisirs éphémères et par le cumul des tâches, vous êtes sans doute prêt à regarder honnêtement les moments où vous avez omis de vous arrêter afin de faire le point, faute de méthode. Vous êtes mal à l'aise dans votre réalité depuis longtemps, des pensées sont montées en vous avec tant de force qu'un jour vous avez choisi de vraiment les écouter. Insatisfait, vous souhaitez vous libérer du cycle des événements stériles.

Dorénavant, vous savez que ces événements sont des occasions d'en apprendre sur vous, sur vos mécanismes de fuite, sur la façon dont vous faites vos choix ; bref, sur vos failles personnelles. Certains auteurs et penseurs renvoient à un *shift* (Wayne Dyer), d'autres à un « pouvoir de choisir » (Annie Marquier), ou à ce que les philosophes appellent « la libre pensée » (Rabelais).

EXERCICE

Connaissance de soi

Autoperception

- Quelles sont mes qualités ?
- Qu'est-ce qui fait ma beauté ?
- Qu'est-ce qui fait « wow », qui me nourrit, qui m'apaise ? (Situations, personnes, etc.)
- Qu'est-ce qui fait que je me sens inspiré, motivé, énergisé ?

Perception et appréciation

- D'aussi loin que je me souvienne, que disent les gens de moi ?

- Quels sont les commentaires positifs, les gestes d'approbation que j'ai reçus ?

Sens de ma valeur personnelle

- Quelles sont mes réalisations ?
- Comment ai-je déjà aidé quelqu'un ?
- De quoi suis-je fier ? Inscrivez ce que chaque réalisation vous a apporté dans votre vie, même si cela vous semble insignifiant.

Bilan

- À l'aide de ces trois listes, surlignez les mots qui vous définissent le mieux, puis encerclez ceux qui vous apportent le plus. Faites ressortir ce que j'appelle les « 3 + » ! En complétant cet exercice, y a-t-il quelque chose qui vous vient à l'esprit que vous n'avez pas noté précédemment ?

Quand vous sentez l'abattement refaire surface, reprenez la liste de vos « + », et lisez-la à voix haute jusqu'à ce que vous sentiez la force vibrer en vous. Rappelez-vous que vous n'êtes pas le produit de vos croyances, et que celles-ci peuvent être remplacées par une image plus juste de qui vous êtes réellement.

Je vous invite à faire cet exercice deux ou trois fois par année. Vous verrez ainsi que la liste de vos qualités et de vos réalisations, de même que la valeur qu'elles revêtent à vos yeux, s'allongera ! Au besoin, demandez à quelques personnes rassurantes de votre entourage en quoi elles vous apprécient. Laissez-les vous dire ce que vous leur inspirez.

L'Univers a besoin de ce que vous êtes et vous remercie d'être là. Vous reconnaître, c'est honorer la vie, qui fait toute chose parfaitement.

L'ENSEIGNEMENT DES CADRES

Enfants, nous n'avions pas de limites. Nous avons appris à nous restreindre par le biais des enseignements, à travers ceux qui nous les transmettent. Nous avons dû intégrer toute une série de schémas préconçus, imposés par d'autres. Ils ont été filtrés par les grilles d'interprétation des gens intervenus dans notre cheminement. Ces personnes les ont aussi appris – c'est ce qui s'appelle un phénomène d'entraînement ; celui-ci est le résultat de programmations antérieures, générées au départ par des peurs, et de leur contrepartie, soit le désir de nous protéger. Nous les avons adoptées sans trop nous demander si elles avaient encore leur raison d'être dans notre quotidien.

La vie adulte a ceci de beau : elle nous permet de nous questionner sur nos possibilités. Ainsi, nous pouvons dorénavant choisir nos réponses et nos réactions, et, pourquoi pas, reprogrammer chacune de nos cellules, afin qu'elles deviennent ce que nous désirons qu'elles soient.

S'il est vrai que l'Homme évolue et s'adapte en fonction de son environnement, la première sphère d'influence est celle de nos pensées, de nos croyances, de notre état émotionnel, puis, par extension, de tout ce que notre adaptation produira.

Texte d'intégration : Le cadre de la sécurité

Au fil des ans, je me suis bâti(e). J'ai fait confiance à mes parents, à mes enseignants, et ma personnalité s'est formée. J'ai pris des habitudes, et j'ai mis en place un cadre qui m'aide à me connaître, à me sentir en sécurité... Mais voilà, avec le temps, celui-ci est devenu très encombré. Les nouvelles expériences, tout ce que je ne connais pas, ne peuvent pas y entrer ! Alors, je les repousse... par peur de ne pas savoir quoi en faire, de leurs conséquences aussi... Elles me dérangent dans mes habitudes, elles perturbent mon confort. Elles m'effraient et je les perçois parfois comme nuisibles...

C'est comme si je m'étais construit une cage, une décision à la fois. Et qu'ensuite j'avais appris à voir cet espace seulement de l'intérieur, le nez collé au mur, en oubliant qu'il avait des fenêtres qui s'ouvraient sur autre chose. J'ai mis toute mon énergie à remplir ma cage, mon cadre, avec toutes sortes de choses qui définissent mon espace intérieur, qui me rassurent, un peu comme pour meubler ma demeure...

J'ai appris à construire mon cadre avant même de connaître tout l'espace qui existait. J'y ai mis tout ce que j'ai vécu. Mes peines y sont cachées, mes déceptions aussi... Les joies que j'ai connues sont aussi arrivées ici, dans mon espace intérieur ; je ne connais rien d'autre que ce qu'il contient. J'ai appris que la vie ne pouvait PAS être plus pleine. J'ai aussi appris que cette cage, avec ses limites, représentait la sécurité et le confort, et j'ai appris que c'est ce qui compte le plus. Ce qui pouvait exister d'autre était bien trop vaste, trop ouvert ! J'en avais mal au cœur. Alors, je n'ai pas voulu changer quoi que ce soit.

Puis, il est venu un moment où la pièce est devenue trop étroite. Pourtant, elle m'a suffi longtemps, mais maintenant je sais que je n'y éprouve plus de joie ; elle est trop encombrée. Un beau jour, j'ai pris conscience que cette cage que je m'étais construite ne me convenait plus. À force de me limiter, j'ai rétréci mon espace, ce qui m'a coupé de toutes les autres possibilités... En fait, je ne savais pas quoi faire pour libérer un peu plus de place.

Cette cage est la plus grande illusion de mon Soi. Je le comprends aujourd'hui... Je vois toutes ces possibilités que je n'ai pas choisies, et toutes celles qui sont restées hors de ma portée. Je suis demeuré(e) enfermé(e) dans ce cadre, et je n'ai pas cherché à explorer mon territoire, celui de la VIE. Je peux choisir de voir à l'extérieur de mon cadre maintenant... Je peux ouvrir une fenêtre ou bien une porte, ou encore mettre le pied dehors... juste pour voir ce qu'il y a de nouveau ! Je peux observer, je sais que je ne risque rien. Chaque jour, je m'émerveille de tout ce que j'y trouve. C'est comme partir en voyage avec un guide qui connaît bien le pays. J'explore ce qui me fait du bien pour commencer. Je m'assure que mes limites sont respectées et je me donne la chance de modifier mes pensées, mes habitudes, mes croyances, mes schémas appris. Alors, avec confiance, je tends les mains, je tourne les pages de la Vie avec curiosité, je m'ouvre à l'abondance et à la quiétude qui se trouvent partout autour de moi. Je n'ai pas à subir mon cadre, ma cage, si elle ne me convient pas.

Avec confiance, je me dépose doucement en plein centre de la terre. Sa force m'apaise ; alors je me détends. Et je respire dans ce nouvel espace que j'ai décidé d'ouvrir en MOI...

Nul n'a le pouvoir de vous faire croire à des messages qui sont faux et qui ne traduisent, au fond, que les chaînes qui vous ont empêché d'avancer. Ces phrases toutes faites, ces images limitatrices, ces mots nous blessent et nous éloignent de notre pouvoir créateur. Ils se répandent facilement, à notre insu, dans les tissus de nos relations humaines.

Chapitre 14

EMPOWERMENT, OU LA POSITION DE POUVOIR PERSONNEL

La naissance est le moment où tout commence, celui où débute la quête du bonheur et de la paix dont nous sommes tous porteurs et qu'il nous appartient entièrement d'atteindre, en nous épanouissant pleinement. L'*empowerment* est la mise en force du Soi qui implique que nous avons toutes les qualités nécessaires pour accomplir ce chemin avec succès. Nul besoin d'appliquer une recette ou de se conformer à des scénarios.

La capacité de bien agir et de prendre les bonnes décisions est un don que nous possédons tous et qui commence par un « oui » en réponse à ce désir de faire mieux. Devant toutes les situations et à chaque étape de notre vie, pour soi comme pour les autres, pour la Terre aussi, nous pouvons faire le bon choix. Combien d'entre nous sentons encore aujourd'hui le désir de changer les choses, de les rendre meilleures ?

Exceller dans quelque chose ou avoir un talent particulier est un cadeau de la vie. S'il n'est pas exprimé, nous nous éteignons ! L'utiliser revient à rendre hommage à la vie qui nous a été donnée, l'expression de la joie la plus pure, celle qui est à l'origine de notre conception. En user le plus souvent possible permet de toucher à la quiétude et de nous sentir en parfait équilibre.

Pour être certains que nous ne dérangions pas l'organisation sociale, des acteurs divers se sont empressés de nous étiqueter pour nous garder hors d'état de nuire. Les « illuminés », les rebelles, les marginaux, les « manifestants » sont de plus en plus nombreux et nous rappellent que nous partageons des aspirations similaires. Ce n'est pas parce que nous nous sommes tus, ou que nous n'avons pas encore choisi de désactiver nos croyances négatives, que ce désir d'authenticité est disparu !

Le potentiel de bonheur est le même pour tout le monde. Lorsque chaque personne, de tout âge, de toute position sociale, ouvrier, employé, dirigeant, politicien, instaurera la pratique du geste bienveillant, du choix juste et aimant, nous pourrons donner libre cours à la force qui nous habite. Nous ferons de cette planète un paradis qui rend hommage à la vie. Par nos gestes, nous démontrerons qu'il est possible de partager sans perdre, de se faire entendre sans lutter, de se sentir plein sans avoir peur d'étouffer nos ambitions, de vouloir le bien-être de chacun sans sacrifier le nôtre. Par les moyens puissants que nous confèrent l'intelligence et l'amour, nous verrons naître une forme de respect que personne n'osera contredire. Alors, nous cesserons d'investir notre temps et notre énergie dans des combats et des disputes de pouvoir.

UN NOUVEAU DÉPART

Enfouie sous notre endormissement, l'idée d'aspirer à autre chose nous porte à souhaiter le bonheur. Avec la force d'un tremblement de terre, elle couve, et à tout moment nous pouvons choisir de lui ouvrir une brèche. La tempête qui a secoué notre chenille s'est avérée utile. Nous savons que, quand tout s'ébranle autour de nous, la sagesse d'un nouveau départ se profile à l'horizon. Ce n'est qu'une phase du cycle de création.

Une fois ce choix effectué, une vérité s'imposera d'elle-même : faire marche arrière dans un sentier épineux ne vous séduira même plus ! Par un effort conscient, vous aurez transformé votre parcours en une agréable promenade dont les couleurs et la délicatesse de l'assemblage naturel ne demandent qu'à être appréciées. La seule condition est que vous vous autorisiez à saisir que vous avez le choix : c'est sans doute l'étape la plus difficile à franchir, car nous adhérons trop souvent à la facilité. Le piège est de retomber dans les schémas déjà appris. Souvenez-vous de l'effet boomerang (voir chapitre 4). Il vous suffit de décider de voir votre beauté intérieure, de rechercher les « *wow factors* » plutôt que ses aspects repoussants. Ce pouvoir personnel, si loin de nos préoccupations, n'est pas un concept inatteignable. C'est l'*empowerment*, ou l'activation de vos forces et de vos talents.

Si nous n'écoutons pas réellement ce qui se passe, nous risquons de perdre nos biens les plus précieux. Parfois, même la maladie s'en mêle et notre santé bat de l'aile ; la vie nous rappelle ainsi que nous ne sommes pas tout-puissants, que nous avons nos limites. Pouvons-nous agir en Explorateurs et nous demander si la maladie survient alors que nous faisons face à un problème émotionnel ou à une expérience difficile ? Peut-être qu'un jour nous accepterons d'écouter les messages de notre corps et que nous chéririons assez la vie pour ne pas l'entraver.

En réfléchissant au chemin parcouru avec vous, je constate à quel point nous sommes rendus bien loin de la créature adaptée à son milieu que nous étions en arrivant en Amérique; celle qui utilisait adéquatement les ressources naturelles, qui écoutait les messages de son environnement et vivait en accord avec ce qu'il lui offrait. Nous avons même poussé la peur à son apogée, ce qui a eu pour effet d'amputer nos habiletés innées de création et d'abondance.

LA CRÉATION À LA PORTÉE DE TOUS

J'aimerais vous parler d'une amie qui m'a inspiré une partie de ce livre, puisqu'elle vit au diapason de son âme et des détours que la vie lui fait prendre. C'est une personne que j'aime infiniment. Elle est une inspiration pour moi. Sa simplicité et sa façon d'être en contact avec elle-même me fascinent. Je comprends instinctivement pourquoi elle est ainsi: ce qui l'anime au plus profond d'elle-même a développé l'art de s'attarder à ses besoins dans son exploration du monde.

Cette belle amie ne va vers quelque chose que lorsqu'elle s'harmonise à ce qu'elle ressent, à son besoin réel; elle suit cet élan à l'intérieur d'elle. Elle prend chaque fois le temps d'établir un contact plein et aimant avec son espace intérieur. Elle sait nommer ses envies, ses désirs, ses possibilités, et surveille attentivement, avec confiance, les signes qui se présentent à elle, lui indiquant le bon choix. Elle est enthousiaste et considère les personnes autour d'elles comme des éléments importants de ses décisions. En fait, mon amie ressent ce qui est bon pour elle et pour les autres. En cela, elle sait se servir de son intuition et de sa sensibilité pour agir de la bonne façon, tout en répondant à ses propres besoins. Témoin de ce fonctionnement, je ne peux qu'admirer une si belle osmose entre ses intentions et ses gestes.

Elle vit au rythme des élans de la nature, reporte une activité impossible à réaliser quand il pleut et se laisse émouvoir par les paysages qu'elle visite, profitant, à chaque pas, de ce que l'expérience lui apporte. Surtout, elle vit à partir des mouvements profonds de son corps, à l'écoute de ses messages. Bien entendu, elle subit parfois des malaises comme nous tous. C'est très beau à voir, et si inspirant, si rafraîchissant ! Bref, elle est à l'écoute de son Soi, de son âme, et elle cherche dans sa vie ce qui la fait vibrer. Elle s'arrête pour connecter avec le moment présent, celui où elle est bien, respire un bon coup, et ne se laisse pas entraîner par l'élastique de ses pensées.

Dans le monde où nous vivons, mon amie est à l'opposé du stéréotype dont nous sommes presque tous des représentants, à différents degrés. À partir du moment où l'on reconnaît que le moment présent est rempli de félicité, la vie devient une force intérieure qui s'appelle la JOIE. Pouvons-nous nous aussi dépasser la sensation temporaire d'insécurité, revenir à cet arbre ou à cette fleur magnifique sur le sentier de rosiers sauvages et respirer un bon coup ?

CHOISIR LA BONTÉ, C'EST CHOISIR LA VIE

Nous, les humains, sommes les acteurs par lesquels tout peut se créer, se résoudre, se faire, se partager, se donner, se diffuser, se comprendre, s'harmoniser, s'engendrer, prendre son sens et se moduler dans l'Univers. Au moment où j'écris ce texte, je souhaite que des milliers de personnes à travers le monde s'unissent en une seule et même pensée-énergie :

Aujourd'hui, je vibre en ce que j'ai de plus sacré, et j'honore le don de la vie en moi.

Désormais, vous pouvez faire en sorte que les pensées qui surgissent dans votre esprit logique ne soient plus les seules maîtresses de vos décisions. Au nom de l'intelligence et pour faire fi des idéologies en vogue, il est de notre POUVOIR de faire des choix DIFFÉRENTS[21] ! Car, en tant que société et individu, nous avons pris de mauvaises tangentes. Oserons-nous changer les choses, en commençant par poser des gestes qui sont en accord avec nos intentions ?

« L'être humain a tous les pouvoirs, car il a le pouvoir de CHOISIR[22]. »

Aujourd'hui, commencez votre journée avec une pensée pour une personne que vous connaissez et qui en a besoin. Cela réchauffera votre cœur et vous nourrira tous deux de compassion.

Alors que vous lisez ces lignes, partout sur cette planète des êtres humains souffrent. Je leur dédie donc une prière de

21. Je n'aurai jamais assez de mots pour vous dire à quel point les petits et les grands enseignants de ma vie m'ont inspiré les mots qui jalonnent ces pages ; voir la référence ci-dessous, surtout pour la sagesse d'une grande âme.
22. Annie Marquier. *Le pouvoir de choisir*, Éditions du Gondor, 2003.

courage et de force, de confiance en la vie, de joie profonde. Lorsque nos actions s'accompagnent d'un élan plus profond venant du cœur, et que l'intention de faire le bien nous motive, le monde s'améliore. Le simple fait de reconnaitre nos qualités, tant en pensée qu'en action, a un grand pouvoir : les énergies négatives s'en trouvent bloquées ! Nous pouvons faire une différence en choisissant la voie du CŒUR ; nous pouvons refuser toute réponse qui aurait pour but de nous faire du tort ou de détruire ce que nous avons de plus précieux.

Nous pouvons activer la meilleure part de ce que nous sommes, et l'offrir chaque fois que nous en avons l'occasion.

L'empathie

Lorsque nous choisissons de nous exprimer avec le cœur[23], une vibration positive s'étend sur toutes les personnes qui se trouvent dans notre entourage. La compréhension devient accessoire et passe au second plan. Le seul fait de réaliser que nous pouvons changer quelque chose par notre accueil, dans un espace d'empathie, en nous donnant un moment d'écoute attentive, peut faire beaucoup pour améliorer notre quotidien. Concrètement, l'empathie nous permet de nous distancier de ce que nous vivons, nous sort de la bataille, de la révolte, de la colère, tout en nous apportant du réconfort et de l'apaisement.

Quelques exemples pour vous inspirer :

- En pensant à une amie qui vit seule et qui a besoin de soutien, vous pouvez allumer une chandelle et lui envoyer une pensée bienveillante.

23. Annie Marquier. *Le maître dans le cœur*, Éditions Valinor, 2003.

- Préparer un repas pour quelqu'un qui est dans le besoin.
- Cueillir un bouquet de lilas pour mettre sur sa table de cuisine ou dans le bureau de quelqu'un qui vit un moment difficile, ou pour soi, tout simplement !
- Ramasser quelques déchets pendant une promenade dans un parc, c'est une façon d'exprimer notre gratitude et notre respect à la planète.
- En payant l'épicerie, prendre le temps de dire bonjour à la caissière et de remercier l'emballeur.
- Remercier aussi nos enfants pour leur aide, la bonne entente, les efforts qu'ils font pour satisfaire nos demandes et besoins.
- Leur offrir des mots comme : « Tu es beau/belle/bon/bonne » et « Je suis fier(e) de toi ! » Ne perdez pas une occasion de les dire à vos enfants, aux autres personnes qui comptent pour vous, et à celles qui doutent trop d'elles-mêmes !
- Se laisser inspirer par la beauté, l'éclat d'un regard, un bel objet, la disposition harmonieuse et pratique de votre environnement, ou par la moindre petite chose.

LE BONHEUR EST DANS LES CHOSES SIMPLES

Quand tout va trop vite, on ne prend pas le temps de s'arrêter pour apprécier ce qui est petit. On relègue l'art au dernier rang de nos préoccupations. Que ce soit dans la nature ou dans les arts, nous pouvons être en contact avec la joie, l'expression du cœur, par le choix des mots, la création d'images, de sons et de formes, qui sont un éloge à la beauté. Nous savons tous apprécier une forme d'art ou une autre, et nous arrivons même à y voir quelques attraits, ne serait-ce que son côté esthétique.

Il est certain que nous ne trouvons pas nécessairement agréable et beau tout ce qui plaît à quelqu'un d'autre, mais une bonne façon de commencer à voir la beauté et la joie dans les moindres choses qui nous entourent m'est inspirée par cette phrase pigée au hasard d'une lecture, il y a longtemps:

Aujourd'hui, faites le choix d'agir, de voir et de penser comme si une personne aimée allait recevoir ce qui viendra de vous...

EXERCICE

Mettre en pratique la visualisation

Devant un tableau, en écoutant une belle musique ou pendant une scène touchante d'un film, demandez à vos pensées d'abandonner la notion du temps qui vous rend si pressé d'habitude. Si vous avez une montre, mettez-la dans votre poche, ne trichez pas. Le cellulaire? Éteignez-le. Fermez les yeux pendant quelques minutes et essayez ceci:

- Déplacez votre centre d'attention de vos pensées vers votre cœur.

- Ressentez la perfection de ses battements, bien réguliers.
- En plein centre, imaginez qu'une petite tige verte est en train de pousser.
- Puis, peu à peu, la plus belle fleur que vous ayez jamais vue se met à grandir et à s'épanouir.
- Cette fleur s'anime au son de la musique, à la vue de belles images, aux mouvements des couleurs...
- Juste à cet instant, pendant trois ou quatre minutes, appréciez cet espace fait de beauté, de VIE, auquel vous convie votre cœur à chaque instant.

Lorsque le cœur est ouvert, les sources de joie se présentent naturellement. Aussi petites soient-elles, elles deviennent une partie de vous, et vous les transportez partout où vous allez. Vous pouvez adopter cet état bénéfique pour votre corps et votre esprit, ou opter pour la souffrance d'une émotion négative. Le choix peut se faire en quelques minutes seulement ! Bien que les épreuves de la vie soient autant de remparts se dressant entre vous et le bonheur, celui-ci s'obtient par l'expression des qualités du cœur que sont la gratitude et la joie. Il peut intégrer votre vie, simplement parce que vous le voulez.

Certes, à la suite des exercices proposés, vous n'avez pas transformé une situation difficile en succès comme par magie, mais vous avez changé votre regard sur les choses et vous avez opté pour la bonne santé. Chaque pensée, chaque choix compte dans votre vie. Une employée ou un dirigeant qui agit avec son cœur créent une expérience valorisante pour tous.

Les efforts ne se comptent plus, car l'inspiration fera une grande partie du travail. Vous changerez l'expérience de la vie de toute personne qui entrera en contact avec vous, une pensée à la fois.

L'IMPULSION DE L'ACTION PAR LE RÊVE

Laissez vos doutes, vos exigences et vos vues étroites de côté pour vous rallier au pouvoir du rêve et de la vision qu'il transporte. Le rêve est un cadeau bien plus grand que vous ne le soupçonnez. La puissante charge énergétique qui caractérise le rêve sur le plan mental est la preuve qu'une réalisation est possible, prévisible même. Votre foi partagée en cette nouvelle vision qu'est le rêve vous indique une direction à prendre, qui supporte votre chemin et chacun de vos gestes. De plus, il est important de reconnaître que l'élan ou le projet qui naît à partir d'un rêve est une force qui met en marche le moteur de l'action à entreprendre, qui lui donnera naissance.

À ce sujet, je vous invite à vous demander ceci : Pourquoi avons-nous tous rêvé de la paix et de sauver le monde à une étape ou une autre de notre vie ?

Donner vie à notre désir de paix et vouloir sauver le monde, c'est rendre grâce à ce que nous sommes, dans notre forme la plus élevée. C'est également souhaiter le meilleur pour nous-mêmes et pour tous. Nos rêves sont porteurs d'un secret fantastique, que malheureusement nous oublions trop facilement en grandissant. Renouer avec ses rêves d'enfance, c'est se brancher à sa source. L'adulte sait que l'enfant fait beaucoup de rêves qu'il ne réalisera pas. Par contre, si un seul de ces rêves subsiste, sa vraie mission prendra naissance et lui apportera une voie d'expansion et de bonheur !

Ne créez pas d'obstacles supplémentaires par des pensées inutiles qui ralentissent la réalisation d'un rêve. Vous devez comprendre que les tracas provenant du syndrome de l'élastique (voir chapitre 5) forment un écran entre votre connaissance innée du cycle de la vie, le déroulement naturel de celle-ci et les capacités intuitives que vous avez maintenant développées. Ce nouvel élan de création, nous pourrons l'appeler « plexus rayonnant », car il projette l'énergie de votre cœur dans l'action juste, et ce, dans toutes les directions.

Immergez-vous chaque fois que vous le pouvez dans la vision de votre rêve de beauté et d'harmonie, par la pensée et la méditation. Les prochains pas surgiront, tout comme le rêve vous a été communiqué à votre naissance. La confiance et l'union des hommes qui ont la même impulsion précèdent sa réalisation, à condition que vous ayez la sagesse de patienter et d'orienter fermement votre énergie dans le sens de la Vision qui vous a été transmise sous cette forme. Ne cherchez pas de preuves ; ne laissez pas votre esprit dériver pendant le jour dans des plans et des détails futiles. Une dispersion de votre énergie dans les illusions serait alors à craindre.

Je constate avec grand bonheur, même s'il ne s'agit que de soubresauts dispersés de l'esprit de ceux qui communiquent la sagesse dans le monde, qu'un progrès s'accomplit et touche un nombre croissant des personnes qui tentent de percevoir (au-delà du mirage de l'impuissance) l'abondance du monde. Faites la somme des bienfaits, multipliez-la en vous-même par vingt, par cent même ! Diffusez-en les qualités, et vous verrez que le monde changera à une vitesse phénoménale. Les critiques, les empêchements, les émotions négatives, les idées préconçues, la peur sont autant d'obstacles à la vraie VOIE de la création et du changement.

Quand j'ouvre les yeux chaque jour, les oiseaux chantent aussi bien qu'au premier jour du monde, les écureuils sont toujours une pure merveille d'agilité. Avez-vous fait le même rêve que moi ? À nous de réaliser que nous avons mentalement conçu le doute, alors qu'il n'y a que la Vie.

S'UNIR ET COLLABORER

Beaucoup d'entre nous sommes de la génération de l'après *peace and love*. Nous critiquons tout, faisant la vie dure à nos proches, nous divorçons et nous séparons, nous vivons les poings haut levés, nous avons appris à restreindre notre vie sous l'effet des fabrications sociales et normalisées. Pour nous, accepter d'être aimants et bienveillants est presque impossible ; il ne s'agit pas d'un concept que la « raison » peut admettre facilement. Revenir à soi avec authenticité, reconnaître et comprendre nos blocages et émotions, se défaire des croyances et scénarios limitateurs, sortir de la compétition malsaine, identifier et exprimer nos besoins sont des pas qui marquent le début de la plus belle aventure : celle de notre éveil dans une expansion magnifique de force et de vie, mais aussi d'unité et de collaboration entre tous les hommes.

Depuis des générations, les valeurs véhiculées socialement ont fait que le système d'éducation a encouragé la négation du Soi. Les enfants étaient considérés comme « ignorants » et se devaient d'être « élevés », ce qui n'a fait que créer chez eux un comportement distant, qui se présente sous des dehors de bipolarité et de TDA (trouble du déficit de l'attention). Ces termes utilisés dans le langage psychopédagogique véhiculent toute la dépersonnalisation de l'enfant et le refus de sa sensibilité. On ne lui confère ni pouvoir ni savoir, en fait, il n'est qu'un coffre vide que l'on se donne trop aisément le droit de remplir.

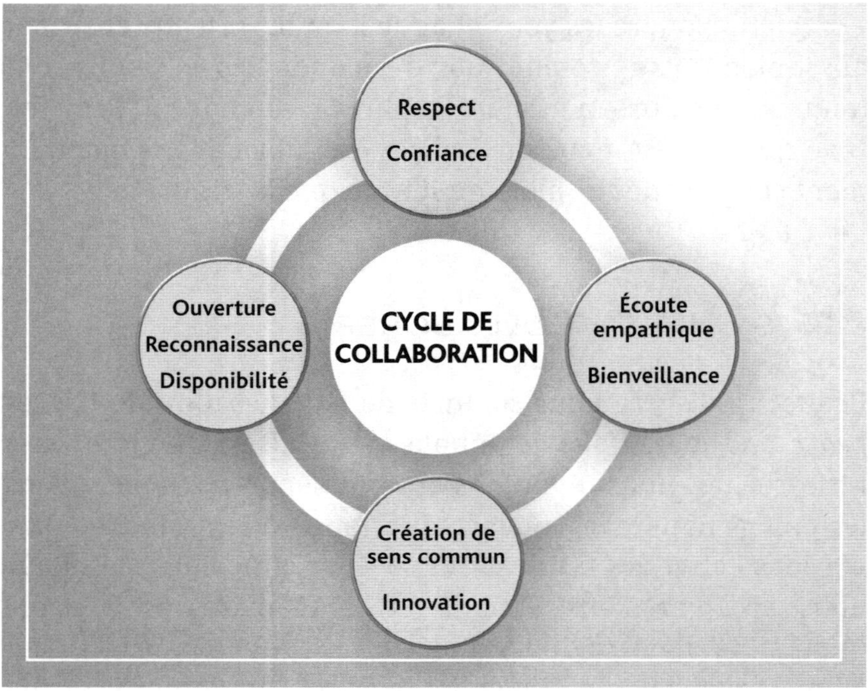

Image créée pour la présentation de la société Technovel, 2012

La Transformation : un changement graduel

En lisant ce livre, vous effectuerez des changements dans votre vie. Ceux-ci vous apporteront une plus grande conscience de votre environnement et des voiles illusoires (croyances, émotions, peurs, blocages...) qui masquent la réalité. Vous pourrez graduellement avoir accès à l'abondance naturelle de la vie. Il est certain que le choix d'appliquer les enseignements que je vous présente ici vous revient entièrement. Souvenez-vous toutefois de la raison qui vous a fait choisir d'entamer cette lecture : ce désir profond d'un cheminement vers une vie plus paisible et plus satisfaisante. Ayez confiance que l'énergie de la transformation soutiendra votre réalisation.

Des signes évidents abondent partout, et nous devons prendre la peine de les entendre, de les comprendre. Le système est en train de faillir à sa mission première, soit servir la population. De plus en plus, les grands groupes ne prennent plus le temps d'écouter les besoins que nous exprimons; les coupures s'abattent dans nos services publics. L'organisation sociale ne peut plus suffire à ce qu'elle a créé, c'est-à-dire un mécanisme de prise en charge d'individus, devenus des victimes, souffrant d'impuissance et d'endormissement. À force de tout faire pour nous, nous avons perdu le sens de la responsabilité de nos propres besoins. Cessons donc de dissocier, de fuir, de refuser de voir ce qui est sous nos yeux. Demeurons conscients que les informations disponibles et notre expérience de la réalité, une fois assemblées, nous offrent le panorama complet de la situation. À nous de saisir cette occasion de compréhension.

Depuis la fin des années quatre-vingt-dix, un système à deux vitesses est en train d'émerger; une voie différente qui vise à combler les manques des systèmes déjà établis, afin de changer la toile mondiale et l'échiquier planétaire en entier, et de nous offrir de nouvelles possibilités. L'enseignement de la méditation gagne du terrain en Occident! Des classes d'exercices doux et transformateurs, dont le yoga, axés sur le bien-être, redonnent de l'autonomie aux gens et sont accessibles à tous. C'est à partir des gestes que nous poserons comme individus que nous accéderons à la liberté.

UN VENT D'ESPOIR

À tous ceux qui ont le pouvoir d'influencer les plus jeunes, je pose la question suivante: comment comptez-vous construire un avenir différent et plein de richesses, en détruisant par des messages réducteurs l'expression des promesses que les enfants portent en eux? Comment prétendre tout connaître du chemin qui est le leur, alors que, jusqu'à présent, vous avez refusé d'emprunter le vôtre? Pourquoi tenez-vous à dicter aux enfants un comportement? Par quelle magie connaissez-vous toutes les recettes du succès, au point d'interdire à un enfant d'explorer son propre univers, dans le seul but de le soumettre à vos idéaux?

De ce fait, je salue avec admiration les professionnels, les thérapeutes, les groupes de soutien, les parents conscients qui accompagnent les enfants à travers les difficultés que posent nos schémas « copiés-collés » et aussi dans le deuil de leur pouvoir personnel. La rébellion de l'adolescent, élan de survie du Soi, pourrait bien être évitée si on lui donnait une chance de s'exprimer, de laisser croître son essence. Je rends hommage également aux éducateurs et aux organismes – privés ou publics – qui ont la mission d'accueillir les jeunes amputés de leur créativité et de leur sensibilité.

Même si ces initiatives sont encore à petite échelle, il s'en dégage tant de sagesse et de discernement que, personnellement, je me sens soutenue et inspirée. C'est cela même qui m'a permis de refuser de reproduire l'utopie du bonheur basé sur la surproductivité et le stress ; cela me permet d'agir avec une plus grande conscience, pour le bien de tous ceux que je croise sur mon chemin. Il est grand temps que le bonheur des uns ne se fasse plus aux dépens des autres.

Je parlerai chaque jour de ceux qui souffrent en silence. Je veillerai à ce que TOUT soit dit. Je serai vigilant avec l'information que l'on me donne car elle peut me brouiller la vue. Je continuerai à regarder les gens avec mon CŒUR, afin de les comprendre, et je me questionnerai sans cesse pour savoir si j'ai fait le bon choix, s'il est en accord avec mes valeurs d'harmonie et de bonheur.

EXERCICE

Le retour à la Vie

Cet exercice ne prendra forme dans votre réalité que si vous le voulez vraiment.

Pour un instant, revenez tranquillement au moment de votre naissance. Immergez-vous dans la lumière que vous avez confondue avec celle de la salle d'accouchement, et qui était en fait celle de votre venue au monde ! La lumière était présente à ce moment, car ainsi va la vie, et le passage obligé du ventre de votre mère à la terre s'est accompagné d'une charge énergétique censée vous soutenir toute votre existence. Baignez-vous dans cette lumière, laissez-la vous bercer et vous envelopper. Laissez-la pénétrer chacune de vos cellules pour ensuite prendre de l'expansion en dehors de votre corps, un peu comme si vous allumiez intentionnellement une lampe sur votre bureau. Elle habite chaque être vivant. Ainsi réactivée, elle met en marche un processus de guérison de l'esprit et du corps. Votre esprit est à nouveau joyeux, vous pouvez sentir l'espace qui se crée au fur et à mesure que vous revitalisez votre Soi.

Maintenant, sans chercher à briser l'état dans lequel vous vous trouvez, tournez votre attention vers les sensations environnantes, dans le lieu où vous vous trouvez pendant cet exercice.

Il se peut que tout vous paraisse plus beau, comme le dit si bien James Redfield dans *La Prophétie des Andes*.

Avec le temps, vous avez simplement oublié votre nature profonde, vous avez oublié que vous étiez énergie, que vous étiez né pour briller ! Que cette lumière, loin d'être l'apanage de votre personnalité, était votre fondement, votre source, votre flamme intérieure. Rien ne sert de vouloir, par un effet de volonté, la partager ou la donner à quiconque. Chacun a la sienne, retenez donc votre prétention visant à influencer autrui par votre exemple, car votre essence se suffit à elle-même! Aucune preuve n'est nécessaire, vous n'avez qu'à plonger vos yeux dans ceux de celui ou celle qui vous met au défi, pour vous apercevoir qu'il ou elle est gouverné(e) par la peur et l'incrédulité. Le chemin pour retrouver cette lumière est parfois long, car tant de schémas appris et d'idées ont envahi votre esprit que vous avez perdu la capacité de sentir ce qui vous habitait, ce qu'il y avait de plus riche et ce qui vous faisait le plus de bien: ÊTRE SOI. C'est un miracle que nous naissions tous avec le potentiel de mener une vie heureuse déjà inscrit dans nos cellules – pour ainsi dire, parfait –, selon le scénario cosmique.

Cessez dès maintenant de chercher ou de prouver ce que vous êtes, laissez votre SOI se manifester dans toute sa splendeur. Ne rejetez rien de ce qui vous nourrit profondément, ces «*wow factors*» qui vous apportent la sensation de plénitude. Ne remettez pas à demain le choix que vous dictent votre cœur et votre conscience. Retrouvez ce rêve magnifique et reprenez le cours de votre mission; acceptez-la entièrement! La suite des choses se présentera sous formes d'intuitions qui vous dirigeront vers le prochain pas japonais, cet assemblage de pierres qui s'est dessiné pour vous, à votre naissance.

Je RECONNAIS les images de mon rêve, je les accepte dans ma vie, je décide maintenant de leur donner le pouvoir de transformer le chemin qui s'ouvre devant moi. Je respire aujourd'hui dans la lumière de ma naissance.

Épilogue

ET POUR TERMINER… UNE PROMESSE

Après la lecture de ce livre, veillez désormais à chercher et à ressentir l'amour, en acceptant d'exprimer vos dons dans la bonté et la joie de votre source. L'amour existe déjà dans le regard de celui qui fait confiance et ose être authentique. Il est dans ce qu'il y a de plus simple, de plus beau, et dans ce que nous pouvons réapprendre à voir et à laisser agir.

À moins que nous nous en remettions entièrement à notre raison d'exister, à notre légende personnelle[24], les décisions que nous prendrons nous paraîtront toujours trop lourdes. Le *million dollar mind*, la confiance en l'abondance, doit vous accompagner en tout temps. Souvenez-vous de la chenille et de sa transformation. Si un changement se présente, soyons-en conscients : c'est la pulsion de vie qui

---

24. Paulo Coelho. *L'Alchimiste*, J'ai lu, 1994.

cherche à nous apporter ce dont nous avons besoin pour croire en nous-mêmes, au lieu de le refuser et de continuer un vil labeur, au ras du sol. Si ce mouvement n'inspire pas la meilleure partie[25] de nous, faisons une pause, déposons-nous dans l'intervalle et prenons le temps d'écouter le message qui est là. Puis, permettons-nous de réagir par un choix différent !

Pour ma part, je veux continuer mon cheminement en me laissant guider par ce que j'ai de meilleur et non par mes peurs, car je suis davantage qu'elles : je suis un être entier, plein de ressources, qui désire s'accomplir AVEC les autres, dans le respect et la célébration de ce que chacun peut devenir de plus grand.

L'ANTIDOTE À LA PEUR : LA MÉDITATION

À tous ceux d'entre vous qui vivez aujourd'hui dans la peur, ne lui accordez plus un instant et pratiquez la méditation[26] !

La méditation a deux effets immédiats et très rapprochés : arrêter le tumulte des pensées et vous distancier des automatismes réducteurs. En méditant, vous cesserez d'accorder votre attention à ce qui vient perturber votre quiétude. Vous donner la chance de méditer vous mettra en contact avec les forces de la vie et avec son abondance naturelle, libérant votre esprit des accaparements habituels. Les gens qui méditent quotidiennement sont de plus en plus nombreux, et il y a fort à parier que toutes les strates sociales ne s'en porteront rapidement que beaucoup mieux !

25. Guy Corneau. *Le meilleur de Soi*, Éditions de l'Homme, 2007.
26. Exercices tirés des *Ateliers intégrés de méditation*, 2012.

Les textes inspirants contenus dans ce livre continueront de vous aider à renouer avec votre propre pouvoir créateur, en activant en vous des espaces de transformation intérieure.

Quelques conseils pour intégrer la méditation dans votre vie

- Je suis assis confortablement sur une chaise, un banc de parc, ou dans un jardin.
- Je suis debout et j'admire un tableau, un objet ou une image que j'aime.
- Je vais marcher lentement dans la nature.
- Je médite chaque jour ; même trois minutes, c'est bon !
- Je fais preuve d'une attention bienveillante.

On se concentre sur la respiration :

- Je m'accorde cet instant, complètement…
- Je laisse ma cage thoracique se gonfler et ensuite se détendre.
- Je tourne mon attention vers ma respiration.
- Ma respiration prend toute la place.
- Je respire doucement, sans rien forcer.
- Lorsqu'une pensée se présente, je la laisse partir au vent comme un grain de sable…

Méditer assis sur une chaise :

- Je dépose mes pieds sur le sol.

- Je dépose paisiblement les mains sur mes cuisses.
- J'allonge ma colonne vertébrale.
- Je détends mon ventre, mes côtes, mes épaules...
- Je ferme les yeux.

Si être assis est difficile pour moi, je peux méditer debout :

- Je détaille un objet de mon choix, avec attention ; je m'attarde à ses qualités, à la finesse de ses traits, etc.
- J'apprécie ses couleurs, ses formes, la lumière qui s'y reflète, le temps qu'un artiste a pris pour le créer.

Si je préfère bouger, je peux méditer en marchant dans la nature :

- Je porte une attention bienveillante à chacun de mes pas, à mes mouvements, à la façon dont mes pieds se déposent au sol.
- J'apprécie les couleurs, la beauté, le jeu des ombres et de la lumière, la perfection des plantes et des animaux que je rencontre.
- Je me dépose dans CE moment.
- Je laisse aller mes soucis et mes pensées à chacun de mes pas.

Après une méditation :

- Restez intériorisé pendant environ une vingtaine de minutes, idéalement. Si vous avez médité à l'intérieur ou en position assise et que c'est possible pour vous, sortez marcher afin d'en intégrer les bienfaits.

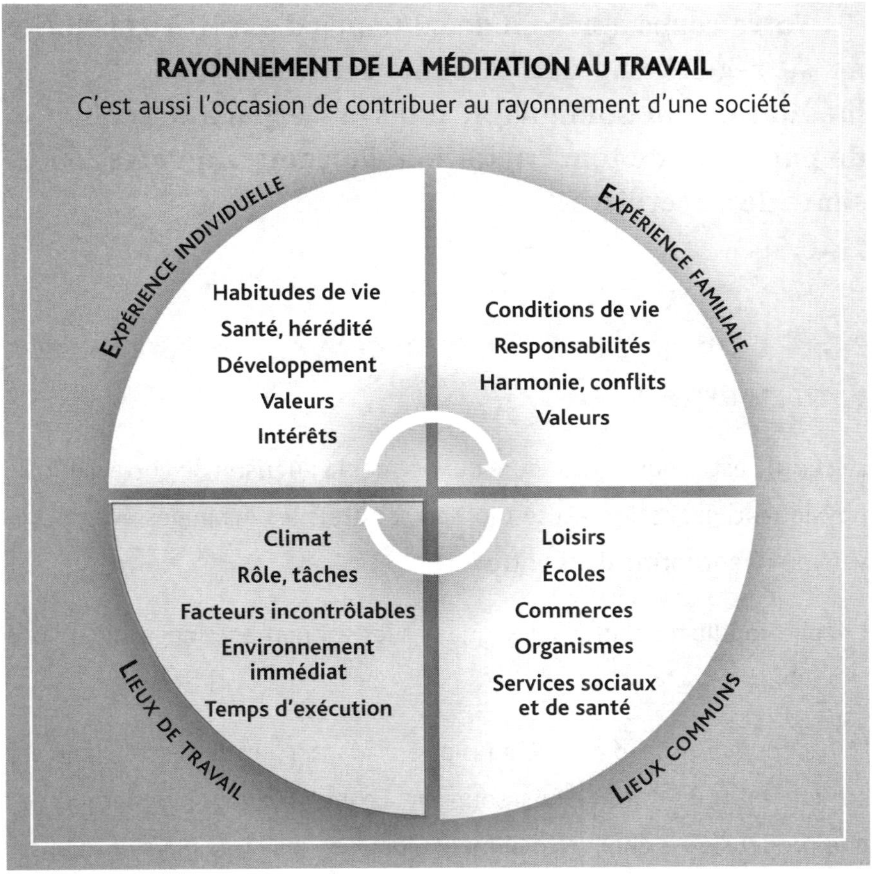

Diagramme créé pour les Ateliers intégrés de méditation en entreprises, Claude-Lucie Gagnon, 2012.

- Évitez de discuter avec quelqu'un ou d'effectuer une tâche logique, telle une planification, ou de travailler, de conduire...
- Reportez toute autre chose à faire à un peu plus tard, pour vous permettre d'apprécier la quiétude de l'instant.
- Le temps de méditation s'allongera de lui-même graduellement, car tout votre corps en a besoin.

Votre corps a besoin de ce temps d'arrêt. Vos cellules ne se régénèrent que lorsque vous êtes au REPOS, en méditation ou somnolant, dans un espace de calme et de paix, loin de toute agitation. Permettez à votre bonne santé de s'accroître !

Texte d'inspiration : Tout s'accélère... ne retenez pas votre souffle

Le souffle est la porte intérieure qui permet la guérison de votre véhicule physique. L'inspiration est le moment où tous les échanges avec l'Univers prennent forme dans votre être.

L'expiration libère toutes les scories et les événements négatifs, si vous le souhaitez.

Votre corps a probablement du mal à s'adapter ; il rugit, il réaligne ses structures pour mieux vous soutenir. Le nettoyage se remarque par une propension à changer d'aliments, par des malaises physiques aussi, allant de courbatures en maux très pointus – l'estomac, le cœur, les poumons, la tête vous indiquent que des changements se produisent. C'est vibratoire !

Ne les rejetez pas ! Acceptez-les et RESPIREZ beaucoup, souvent, la bouche grande ouverte pour ainsi puiser les forces régénératrices de la nature. Votre nez n'est pas assez grand ? Vos poumons cherchent à s'emplir. Marchez, courez, préparez votre cœur à une meilleure résistance. Puis, ménagez-vous des temps de pause, c'est très important.

L'exercice et la respiration vous aideront à vous libérer de vos toxines. Buvez de l'eau, purifiée par vos soins, qui aura pris le temps de respirer avant d'être bue. Votre corps vous en remercie.

Texte d'inspiration : Méditation sur la présence

Je prends conscience de mon corps, je le laisse se déposer avec douceur ; je m'accorde un instant de repos, maintenant. Et je respire, j'emplis mes poumons, je les gonfle entièrement ; j'expire les particules viciées de mon corps, c'est le mouvement naturel de la création qui m'habite... amplitude, détente, quiétude, le cycle même de la vie.

Je sens mes pieds déposés sur le sol, bien ancrés – un courant d'énergie entre sous chacun de mes pieds, courant vital provenant de la terre, ce sont mes racines, une connexion avec la terre qui me permet d'aller et venir, qui me communique la force dont j'ai besoin du matin jusqu'au soir. J'ancre mes pieds dans le sol et j'y puise l'énergie dont j'ai besoin.

Mon regard se tourne vers l'intérieur de mes pieds, j'imagine un point de lumière en plein centre... J'observe mes chevilles, ces articulations précieuses, mobiles et solides – je me sens tout à coup joyeux de leur perfection. Mes mollets... amalgames de souplesse et de puissance, avec leurs muscles tout en longueur, qui assurent mon équilibre dans ma démarche, qui m'aident à bondir sur mes pieds... Je suis comblé de reconnaissance envers eux... Puis, de l'intérieur toujours, je ressens l'habile construction de mes genoux. Une paix immense m'envahit, je suis supporté, je peux me fier à mes genoux. Ces billes géantes, habilement formées, os, cartilages, fibres musculaires, je peux les aimer ; elles me permettent de marcher avec aisance et solidité ! Je m'apaise, je ne cherche pas, je dirige simplement mon regard bienveillant à l'intérieur de mon corps.

Je ressens ma connexion avec la terre à travers mes jambes, mes chevilles, mes pieds... Je remonte le long de mes cuisses... Elles contiennent les muscles les plus puissants de mon corps ! Je les imagine de l'intérieur, vigoureuses et pleines de vie. Elles expriment la passion aussi, permettent à mon bassin et à mes jambes de s'unir, de danser, de marcher. Je les reconnais et j'apprécie l'ensemble de mes jambes et de mon bassin réunis… Je rends hommage à mon centre de conception, lieu de toute création chez la femme comme chez l'homme, à ma source de Vie ! C'est là que tout commence, que tout prend naissance, que tout devient possible… Je remercie profondément mon ventre – je lui envoie tout mon amour.

Je laisse les images se présenter à moi avec admiration, comme un ballet gracieux, elles me parlent de ce qui m'habite… J'accueille les mots qui montent… sans les trier, juste comme ils sont… Mon corps sait ce qu'il a à faire. J'observe mon estomac, mon foie, ma rate, autant de parties de moi qui sont importantes et qui s'unissent pour me permettre de vivre, chaque jour, dans la gratitude. J'accueille mon ventre tel qu'il est, avec sa fluidité ou ses tensions, je comprends instinctivement ce qu'il a à me dire… Lui qui a tout enduré, qui supporte tout, qui digère tout, à qui je fais avaler toutes sortes de situations… Je l'aime infiniment.

Le battement de mon cœur attire maintenant mon attention. De concert avec ma respiration, comme un écho qui vibre de l'intérieur, il masse mes organes internes… Le battement de mon cœur, source de vie, ma pile personnelle au mouvement perpétuel, le symbole de mon pouvoir d'exister. Il travaille sans relâche, jour et nuit ! Je peux lui dire : « Merci de me permettre d'être là. »

Puis, je dis bonjour à mes poumons, qui s'emplissent et s'apaisent naturellement, au rythme de ma respiration. À ma tête, qui me permet d'être présent aujourd'hui, de comprendre ce que je vis, mes sens en alerte, ouïe, odorat, goût, ressenti. J'ai un corps magnifique, il me permet de vivre chaque instant, il est mon outil, mon moyen de communication ; il me met en contact avec le monde, c'est un cadeau, la Vie ! Et, aujourd'hui, en m'attardant à lui, dans ses moindres recoins, je lui rends hommage.

Merci, mon corps, de me permettre d'être là !

Texte d'inspiration : Méditation sur la confiance

Quand je suis né, j'ai reçu la permission d'utiliser ce qui m'a été donné... Oh, bien sûr, j'étais d'abord tout petit, dans ce grand Univers, et cela m'a fait bien peur à un moment donné. C'est qu'il y a tant de possibilités déjà présentes dans ce frêle corps qui est le mien...

Est-ce que la vie est moins présente en moi maintenant que j'ai vieilli ? À différents moments, j'ai douté, j'ai eu peur ; d'abord de la force qui m'habitait, de l'amplitude de mes choix, du poids de mes décisions, de mon chemin, celui que j'empruntais un peu au hasard, sans jamais être certain du futur... ma confiance ébranlée à chaque pas. À différents moments, je me suis senti investi d'un grand pouvoir, et j'ai pris un risque... Bref, j'ai choisi de me faire confiance, de faire confiance à d'autres aussi.

Je peux faire en sorte que ma Vie ait un sens maintenant. Car maintenant je sais que chaque moment est unique ! Chacun se présente sans condition, sans limites, sans exigence, sans prérequis. La vie est là et, malgré tous les obstacles que j'ai pu franchir, je n'en doute pas, je la sens encore qui m'invite en me disant : « Vas-y, essaie encore, je suis là, je suis toi ! »

Je suis la manifestation de la Vie.

Tous ces rêves qui prennent leur essor dans mon quotidien sont encore miens. Douter de la vie, même un peu, c'est comme me couper de mon droit d'exister. Je peux faire confiance à cet instant et ouvrir mon esprit à toutes les possibilités, sans rien attendre et sans rien exiger.

Je retrouve ma puissance dans l'élan de la passion, rendant hommage à l'intelligence qui anime les hommes.

C'est également se donner la chance de vivre avec tous nos dons et notre bonté, puis de faire ce qu'il y a de mieux...

C'est ce que je choisis aujourd'hui.

Car « confiance rime avec puissance ».

Bibliographie

...ET SOURCES D'INSPIRATION

BRENNEN, Barbara A. *Le pouvoir de la lumière*, Éditions Tchou, 1991.

COELHO, Paulo. *L'Alchimiste*, J'ai lu, 1994.

CORNEAU, Guy. *Le meilleur de Soi*, Éditions de l'Homme, 2007.

CROMBEZ, Jean-Charles. *La Personne en ÉCHO*, Éditions de l'Homme, 2006.

DYER, Wayne W. *Le pouvoir de l'intention*, Aventures Secrètes, 2004.

DYER, Wayne W. *The Shift*, Hay House Films, 2010.

HANH, Thich Nhat. *Pour une métamorphose de l'esprit*, Pocket, 2001.

LIPTON, Bruce. *Biologie des croyances*, Éditions Ariane, 2006.

MARQUIER, Annie. *Le pouvoir de choisir*, Éditions du Gondor, 2003.

MARQUIER, Annie. *Le maître dans le cœur*, Éditions Valinor, 2003.

MARQUIS, Serge. *Pensouillard le hamster*, Éditions Transcontinental, 2013.

REDFIELD, James. *La Prophétie des Andes*, Éditions Robert Lafont, 1999.

RINPOCHE, Sogyal. *Le livre tibétain de la vie et de la mort*, La Table Ronde, 1992.

Matériel autodidacte

Les *Ateliers intégrés de méditation*, conçus en collaboration avec Sonia Morissette, 2012.

Présentation des *Ateliers intégrés de méditation en entreprises*, conçue en collaboration avec Saloua Acharki, 2012.

Approche de coaching *Alignement du Soi* (*Empowerment Coaching*), Claude-Lucie Gagnon, élaborée entre 1998 et 2013.

À propos de l'auteure

Le parcours de Claude-Lucie débute en 1987. Elle œuvre alors en tant qu'entraîneur d'athlètes provinciaux, rôle qu'elle délaisse graduellement entre 1992 et 1996. L'harmonie du corps et de l'esprit l'amène à s'intéresser à la massothérapie, particulièrement aux approches énergétiques, et elle débute sa pratique par le Shiatsu de Masunaga. Ensuite, elle y intègre d'autres techniques qui permettent au corps de retrouver son expression essentielle. Pour elle, le massage devient rapidement un outil qui ouvre de nouvelles avenues à la libération des tensions inscrites dans le corps, tant émotionnelles qu'événementielles.

En parallèle, elle poursuit une carrière en tant que professionnelle de la communication et des relations publiques. Pendant plus de vingt ans, elle organise des événements corporatifs de grande envergure, impliquant plusieurs centaines de personnes et comprenant points de presse annuels, réceptions et congrès. C'est en 2010 qu'elle quitte la sphère corporative afin de démarrer une entreprise en santé globale. Elle se dédie complètement au cheminement spirituel. Dorénavant, elle se passionne pour le développement personnel. Elle s'intéresse particulièrement à la pleine manifestation du Soi et offre de l'accompagnement en relation d'aide.

Elle poursuit sa formation sur les aspects énergétiques en assistant à des conférences et en s'adonnant à la lecture de nombreux

Photo : Sarah Ostiguy, SO Photographie

auteurs qui l'aident à développer son approche. La méditation marchée et en pleine conscience fait partie de sa vie depuis l'âge de vingt-six ans. En 2011, elle crée un programme complet de formation fondé sur les approches de Marshall Rosenberg et de Jon Kabat-Zinn, intégrant CNV et méditation en pleine conscience : *Les Ateliers intégrés de méditation.* Ceux-ci sont actuellement offerts à toute entreprise désireuse d'améliorer la santé de son personnel, de réduire le stress environnant et de favoriser la performance organisationnelle par l'apprentissage d'outils de communication interpersonnelle.

Claude-Lucie s'intéresse au yoga et au qi gong, d'abord pour garder l'aisance du mouvement, puis dans le but d'optimiser la santé physiologique et énergétique des gens qui la consultent. Elle poursuit actuellement une formation d'enseignante en Prana Flow, une forme de yoga dynamique et fluide qui intègre les Kriyas, les techniques de respiration et les mantras afin d'éveiller, de tonifier et de revitaliser le corps. Elle travaille avec une équipe spécialisée en activités de mouvement zen, telles que tai chi, qi gong, yoga, massage sur chaise, s'intégrant aux programmes des congrès.

Fiche contact

L'auteure offre des ateliers d'éveil du Soi, d'exploration personnelle, de collaboration d'équipe et de méditation, soit individuels ou en groupe. Toute personne ou entreprise intéressée peut la joindre par courriel: centre_espacevie@outlook.com ou via le Centre Essere à Longueuil (Québec, Canada), essere.ca.

Remerciements

Cette réalisation, dont devenir celle que je suis fait partie, n'aurait pu être possible sans le cheminement parallèle effectué avec de nombreuses personnes qui m'ont inspirée, coachée, soutenue, encouragée. Parmi celles-ci, j'ai envie de remercier tout spécialement : Lannah Clarke, pour sa foi; ma famille, pour son soutien sans limites ; Joanne Beauchemin (Dezzine.com), pour ses pensées d'amour et d'accompagnement, pour mon site Web ; Hélène Saucier, ma collègue des sept dernières années ; mes amies Louise Lapointe, Nathalie Rheault (ing.), Sonia Morissette (ing.), de même que tous mes mentors, entraîneurs, partenaires d'entraînement, collègues et clients, qui m'ont démontré qu'être humain est un sain défi !

Un remerciement immense à mon père, Claude F. Gagnon (un athlète), et à ma mère, Lise Léveillée (une hôtesse accomplie), qui m'ont montré ce que sont l'accueil, la présence, l'amour, l'encouragement, la générosité du geste, le don de soi, le dépassement, le service, l'altruisme, l'humour et le pouvoir de l'humilité.

Vous avez aimé ce livre ?

Voici d'autres lectures du même genre !

Êtes-vous inquiet de ce que les autres pensent de vous ? Répondez-vous « oui » aux gens parce qu'il est « convenable » de le faire, même quand vous avez envie de dire « non » ? Avec-vous peur de perdre votre emploi, de divorcer, de l'inflation, de la mort ? Vous sentez-vous coupable de vos fantasmes ou de vos comportements sexuels ? Avez-vous peur d'apprendre de nouvelles disciplines parce que vous craignez de ne pas performer ? Êtes-vous mécontent de votre physique, de votre intelligence, de votre réussite professionnelle, de vos rapports avec l'autre sexe ?

Si vous répondez oui à n'importe laquelle de ces questions, vous avez des zones erronées – de légères altérations de la personnalité qui vous rendent malheureux. Dans ce livre, Wayne W. Dyer, célèbre psychologue, vous enseigne comment identifier ces zones et les éliminer afin de vous sentir bien dans votre peau.

Vous voulez donner un sens à votre vie et ressentir une plus grande sérénité ? Vous désirez vous comprendre davantage ou échapper aux scénarios de l'échec qui se succèdent dans votre vie ? Vous souhaitez conserver votre santé ou mobiliser toutes vos forces en vue d'une guérison ? Vous avez pour ambition d'être l'acteur de votre vie et non plus un simple figurant qui se laisse mener par les événements ? Vous avez à cœur de vous libérer de vos dépendances pour être enfin libre ? Vous désirez être heureux ?

Ce livre a pour objectif de vous aider à y parvenir.

Contrairement à ce que la société de consommation veut vous faire croire, le bonheur ne se réduit pas à satisfaire des besoins et à combler des carences. Le bonheur est un état intérieur, qui passe par la connaissance, l'acceptation et la réalisation de soi, l'ouverture aux autres et à notre environnement dans le but de dépasser l'ego.

S'arrêter, respirer tranquillement, mettre les compteurs à zéro.

J'ai souvent affirmé à mes élèves que l'essence de la méditation est toujours la même, quelle que soit la méthode utilisée pour y parvenir. Un maître zen donna cette définition : « Juste s'asseoir. » Voilà. Simple, non ? Et pourtant, pour qui s'est essayé à cet exercice, c'est justement là que les ennuis commencent !

Le guide qui accompagne les voyageurs transmet bien plus que son expérience : il partage son humour, sa vision, une présence, une qualité d'être. Cet ouvrage s'adresse à tous ceux et celles qui, à tous les niveaux de leur pratique, espèrent ce chuchotement au creux de l'oreille, ce sourire encourageant qui manque si souvent. Au fil des pages, l'esprit s'apaise et prend confiance.

Achevé d'imprimer
sur les presses de
Imprimerie H.L.N.
Imprimé au Canada - Printed in Canada